LEICHTATHLETIK 2019 Editorial

Top-Quoten bei der WM
Das Interesse an Deutschlands Leichtathleten – wie der WM-Vierten mit dem Speer, Christin Hussong, – ist nach wie vor riesengroß. Teilweise schalteten mehr als fünf Millionen Zuschauer die TV-Übertragungen von der WM in Doha ein

Im Fokus des Interesses

Liebe Leichtathletik-Fans,

eine sehr lange Saison mit dem internationalen Höhepunkt der Weltmeisterschaften in Doha geht zu Ende. Die Titelkämpfe in Katar haben gezeigt, dass die Leistungsspirale in den einzelnen Disziplinen weiter ungebremst nach oben geht. Die TV-Quoten mit teilweise über fünf Millionen Zuschauern bei den Übertragungen aus Doha beweisen, welches große Interesse die Sportart Leichtathletik trotz der Fußball-Dominanz weckt. Obwohl das DLV-Team viele Leistungsträger ersetzen musste, hat die Mannschaft mit sechs WM-Medaillen – zwei goldene und vier bronzene – die Standortbestimmung vor den Olympischen Spielen in Tokio 2020 bestanden.

2019 war mit der WM nicht nur ein Übergangsjahr Richtung Olympia, sondern es war ein Jahr für die Leichtathletik mit positiven neuen Impulsen, die notwendig für die Perspektiven der Sportart sind. Vor allem das neue Format „Die Finals" hat sich auf der Beliebtheitsskala ganz oben wiedergefunden. Erstmals gab es national an einem Wochenende ein TV-Fenster für zehn Sommersportarten in der Sportmetropole Berlin, das ARD/ZDF mit emotionalen Bildern begleitete. 60.500 Zuschauer (neuer Meisterschafts-Rekord) wollten die Leichtathleten im Olympiastadion sehen. Nach dem Abschied von Diskus-Ass Robert Harting hatten viele prophezeit, es werde schwer, neue sympathische und erfolgreiche Gesichter in der Leichtathletik zu präsentieren: Mit Niklas Kaul (USC Mainz), jüngster Zehnkampf-Weltmeister aller Zeiten, und Weitsprung-Weltmeisterin Malaika Mihambo (LG Kurpfalz) können wir uns über Ausnahmeathleten freuen, die nicht nur im Wettkampf, sondern auch außerhalb des Stadions erstklassige Botschafter für die Sportart Leichtathletik sind.

Beim Rückblick auf die U23-EM im schwedischen Gävle fällt insbesondere auf, dass der deutsche Leichtathletik-Nachwuchs gut gerüstet ist. Platz eins im Medaillenspiegel und in der Nationenwertung (218 Punkte) mit insgesamt neun Gold-, sechs Silber- sowie sechs Bronzemedaillen lautete die tolle EM-Bilanz. Lediglich 2005 in Erfurt war die U23-Nationalmannschaft noch besser.

Ganz besonders möchte ich mich bei den Trainern und Athleten, allen ehrenamtlichen Helfern und allen Partnern bedanken, die auch in diesem Jahr die Leichtathletik mit großem Engagement unterstützt haben. Besonders die Athleten haben mit ihren Leistungen für den medial so wichtigen Fokus gesorgt. Bevor die Olympiasaison beginnt, gilt es für jeden einzelnen, die Regeneration in den Mittelpunkt zu stellen. Denn nur wer nach dieser anstrengenden und langen Saison den Akku auflädt, wird 2020 wieder mit voller Kraft angreifen. Allen Freunden der Leichtathletik wünsche ich viel Spaß beim Lesen der Dokumentation „Leichtathletik 2019 – die großen Momente".

Eine spannende Lektüre wünscht Ihnen Ihr
Jürgen Kessing

Der DLV-Präsident
Jürgen Kessing, im Hauptberuf Oberbürgermeister von Bietigheim-Bissingen in Baden-Württemberg, führt den Deutschen Leichtathletik-Verband seit 2017 als Präsident

Gender-Hinweis: Im Sinne einer besseren Lesbarkeit der Texte wurde von uns entweder die männliche oder weibliche Form von personenbezogenen Hauptwörtern gewählt. Dies impliziert keinesfalls eine Benachteiligung des jeweils anderen Geschlechts. Alle Menschen mögen sich von den Inhalten gleichermaßen angesprochen fühlen.

LEICHTATHLETIK 2019 Inhalt

Augenblicke
Ganz besondere Momente
Die Bilder der WM in Doha 4

Die WM-Bilanz
Ganz schön heiß
Doha hat Maßstäbe gesetzt. Nie wurden bei einer WM so viele, so gute Resultate erzielt. Aber auch noch nie war eine WM so in der Kritik. Das deutsche Team holte zwei Gold- und vier Bronzemedaillen 16

Die Stars der Saison
Malaika Mihambo: Im Flugmodus
Die WM-Goldmedaille im Khalifa-Stadion von Doha war die logische Konsequenz einer überragenden Saison. Alle ihre Wettkämpfe hatte die 25-Jährige im Sommer 2019 gewonnen 24

Johannes Vetter: Versöhnlicher Schluss
Von der deutschen Weltklasse-Troika schaffte es nur einer ins Speerwurffinale der WM: Johannes Vetter gewann Bronze. Auch für ihn war mehr drin 32

Konstanze Klosterhalfen: Nicht zu stoppen
Deutschlands größtes Lauftalent ließ sechs deutschen Rekorden WM-Bronze folgen. Und trotzte allen Doping-Diskussionen um das Nike Oregon Project 38

Niklas Kaul: Ein Wurf in die Geschichte
Mit einem sensationellen Speerwurf legte der 21 Jahre alte Mainzer die Grundlage dafür, dass er jüngster Zehnkampf-Weltmeister überhaupt wurde 46

Gesa Krause: Cooler Höllenritt
Deutschlands beste Hindernisläuferin lief 2019 drei deutsche Rekorde und holte in Doha WM-Bronze 54

Christina Schwanitz: Ganz starke Mama
Die Kugelstoßerin schlug erstmals nach ihrer Babypause bei einer WM zu und gewann Bronze 60

Die internationalen Stars von Doha
Diese Weltmeisterschaften waren auch reich an Höhepunkten ohne deutsche Beteiligung. Wir blicken zurück 66

Cindy Roleder: Silber in Glasgow
Die Hürdensprinterin wechselte 2019 von Halle nach Leipzig und wieder zurück. Trotzdem war sie erfolgreich ... 76

David Storl: Vom Körper gestoppt
In der Halle lief es mit EM-Silber noch gut für Deutschlands Besten mit der Kugel. Im Sommer gelang dann aber so gut wie nichts mehr 84

Max Heß: Ausgebremster Überflieger
Mit Bronze bei der Hallen-EM und einem Sprung über 17 Meter deutete der Dreispringer sein Potenzial an. Im Freien war er aber wieder verletzt 88

Eliud Kipchoge: Traumlauf in Wien
Es ist vollbracht: Der Kenianer lief in 1:59:40,2 Stunden den ersten Marathon unter zwei Stunden 102

Melat Kejeta: Neue Marathon-Hoffnung
Mit 2:23:57 Stunden beim 46. BMW Berlin-Marathon wurde die 27-Jährige zur drittschnellsten deutschen Marathonläuferin aller Zeiten 108

Brigid Kosgei: Sensations-Weltrekord
Ihre Steigerung beim Chicago-Marathon war eine der größten Sensationen der Saison 2019 – in 2:14:04 Stunden pulverisierte die Kenianerin den Weltrekord von Paula Radcliffe 114

Die Finals in Berlin: Die Bilanz
Das EM-Feeling war zurück
Konstanze Klosterhalfen verzauberte das Berliner Olympiastadion mit einem deutschen Fabelrekord, Weitspringerin Malaika Mihambo drang mit einem Traumsprung auf 7,16 Meter in neue Sphären vor. Und im Olympiastadion waren über 60.000 Zuschauer aus dem Häuschen 72

Hallen-EM in Glasgow: Die Bilanz
Fünf Medaillen und Zentimeterpech
Viermal Silber und einmal Bronze – das war die Ausbeute des 27-köpfigen Teams des DLV. Dreimal fehlte den deutschen Athletinnen gerade mal ein Zentimeter zu einem noch besseren Ergebnis 80

Team-EM in Bydgosczc: Die Bilanz
Versilbertes Teambuilding
Die erfolgreiche Titelverteidigung hat das deutsche Team zwar verpasst, aber mit einem starken Schlusstag und viel Teamgeist rückte die DLV-Auswahl noch von Platz fünf auf zwei vor 90

ISTAF in Berlin: Die Bilanz
Viel Licht, wenig Schatten
Gesa Krause mit Weltrekord über 2000 Meter Hindernis, eine schnelle deutsche Sprintstaffel und Malaika Mihambo souverän mit 6,99 Metern. Die WM-Generalprobe glückte. Aber nicht für Christoph Harting: Der Diskus-Olympiasieger wurde Letzter 94

Berlin fliegt: Die Bilanz
Take-off in Tempelhof
Bei „Berlin fliegt!" gewann das DLV-Team knapp vor Großbritannien, den USA und China. Das außergewöhnliche Event fand erstmals auf dem Berliner Ex-Flughafen Tempelhof statt 98

Hallen-DM in Leipzig: Die Bilanz
Mitreißend, packend, stimmungsvoll
Ein deutscher Rekord und jede Menge tolle Leistungen. Dazu zweimal ein volles Haus in der Arena Leipzig mit jeweils 3500 Zuschauern. Die 66. Deutschen Hallenmeisterschaften machten Lust auf mehr 100

BMW Berlin-Marathon: Die Bilanz
Finisher-Rekord und Fast-Weltrekord
44.065 Läuferinnen und Läufer erreichten das Ziel am Brandenburger Tor. Berliner Rekord. Den Weltrekord verpasste Kenenisa Bekele um die Winzigkeit von zwei Sekunden 112

Statistik
Die Ergebnisse der WM 118
Die Ergebnisse der Team-EM 126
Die Ergebnisse der DM 130
Die Ergebnisse der Hallen-EM 136
Die Ergebnisse der Hallen-DM 140

Impressum 144

LEICHTATHLETIK 2019 Augenblicke

GEISTERSTADION

Stell' dir vor, du wirst Weltmeister über 100 Meter und keiner jubelt dir zu. So ähnlich erging es US-Sprinter Christian Coleman nach seinem Triumph über Landsmann Justin Gatlin. Das Sprint-Finale über 100 Meter ist nicht erst seit den Erfolgen von Usain Bolt die große Show bei Weltmeisterschaften und Olympischen Spielen. In Doha schien es kaum jemanden zu interessieren, wer der schnellste Mann der Welt ist. Coleman gewann in 9,76 Sekunden. Nur fünf Sprinter waren jemals schneller als der 23-Jährige. Im Khalifa-Stadion waren nur noch ein paar tausend Zuschauer live dabei. Weit nach Mitternacht musste der neue Weltmeister dann den Journalisten Rede und Antwort stehen. Die interessierten sich vor allem dafür, wie der neue Weltmeister zu seinen drei verpassten Dopingtests innerhalb eines Jahres stand. Nur aus formalen Gründen entging er einer Sanktion und durfte in Doha starten. Er sei halt „ein junger Kerl", der „nicht immer im Kopf hat, die App zu aktualisieren". Und ohnehin sei „jeder in diesem Raum nicht perfekt", meinte Coleman vor den Journalisten aus aller Welt. Immerhin interessierten die sich für seine Leistungen ...

LEICHTATHLETIK 2019 Augenblicke

WELTREKORD

Die US-Amerikanerin Dalilah Muhammad stellte in Doha den einzigen Weltrekord in einer Einzeldisziplin auf. Die 29 Jahre alte Olympiasiegerin setzte sich über 400 Meter Hürden in 52,16 Sekunden durch und blieb vier Hundertstel unter ihrer eigenen Bestmarke, die sie erst Ende Juli aufgestellt hatte. Vor Muhammad hatte die Bestmarke der Russin Julia Pechonkina immerhin 16 Jahre lang gehalten. Die Tochter eines Imam und einer Sozialpädagogin steht nicht so gerne im Rampenlicht wie andere. Sie sei muslimischen Glaubens, aber ohne ihn nach außen zu tragen, sie habe nie einen Hijab gehabt, erzählte sie in Doha. Muhammad kassierte für den Rekord 100.000 US-Dollar.

LEICHTATHLETIK 2019 Augenblicke

FAIRPLAY

Guinea-Bissau trägt Aruba ins Ziel: Die WM in Doha erlebte am Auftakttag ihren ersten großen Herzensmoment. Im Vorlauf über 5000 Meter klemmte sich der hoffnungslos abgeschlagene Afrikaner Braima Suncar Dabo seinen völlig entkräfteten karibischen Kontrahenten Jonathan Busby unter den Arm und schleppte ihn unter dem tosenden Jubel der Zuschauer quasi über die letzte Runde. Um die große Geste perfekt zu machen, schob Dabo seinen neuen Freund fürs Leben, der die brutale Hitze in Katar offenbar gnadenlos unterschätzt hatte, noch vor sich über die Ziellinie – rund fünf Minuten hinter Sieger Selemon Barega aus Äthiopien. Für beide Außenseiter stand letztlich eine persönliche Bestzeit zu Buche, für Busby blieb die Uhr bei 18:10,68 Minuten stehen, für Dabo bei 18:10,87 Minuten – allerdings hatten beide zuvor noch kein offizielles 5000-Meter-Rennen bestritten. Der Weltverband zeigte jedoch wenig Herz und disqualifizierte Busby gemäß Regel 144.3, weil er unerlaubte Hilfe genossen hatte.

LEICHTATHLETIK 2019 Augenblicke

MUTTERTAG

Shelly-Ann Fraser-Pryce strahlte. Voller Stolz hielt die Jamaikanerin den kleinen Zyon im Arm. Es war ein Moment des puren Glücks für die 32-Jährige, das WM-Gold über 100 Meter mit ihrem zwei Jahre alten Sohn feiern zu können. Das Erlebnis werde sie für immer „in Ehren halten", sagte Fraser-Pryce später. Und weil auch US-Sprintstar und Mutter Allyson Felix mit der 4x400-Meter-Mixed-Staffel der USA ihren insgesamt zwölften WM-Titel holte, wurde in Doha am 29. September kurzerhand „Muttertag" gefeiert. „Es war eine lange Reise", sagte Fraser-Pryce über die Zeit, die sie gebraucht hatte, um nach der Geburt körperlich und mental wieder in Form zu kommen: „Ich habe mir Sorgen gemacht, ob ich ein Comeback schaffe. Ich habe wirklich hart gearbeitet." Im Finale ließ die nur 1,52 Meter große Fraser-Pryce der bis zu zehn Jahre jüngeren Konkurrenz keine Chance. Mit ganz starken 10,71 Sekunden sicherte sich das „Pocket Rocket" genannte Energiebündel nach 2009, 2013 und 2015 ihr viertes WM-Gold über 100 Meter. Nach Fraser-Pryce holten auch die „Muttis" Nia Ali (USA) im Hürdensprint, Hellen Obiri (Kenia) über 5000 Meter und Hong Liu (China) im 20 Kilometer Gehen Gold.

© imago images/Gladys Chai von der Laage

LEICHTATHLETIK 2019 Augenblicke

STIMMUNGSMACHER

Er war auf Gold programmiert. Der Druck des ganzen Scheichtums Katar lag auf seinen schmalen Schultern. Die Arena war so gut gefüllt wie noch nie, als Mutaz Essa Barshim zum großen Sprung ansetzte. Die Fans rasteten bei jedem Sprung Barshims förmlich aus und brüllten ihn zum Titel. „Ich konnte in ihren Augen sehen, wie begeistert sie waren und wie viel Freude sie hatten", sagte Barshim, nachdem er über 2,37 Meter geflogen war und wie 2017 Hochsprung-Gold geholt hatte. Doch nach dem Stimmungshoch von Doha leerte sich das Stadion auch schnell wieder. Als Barshim später am Abend die Goldmedaille überreicht werden sollte, war fast keiner mehr im Stadion. Die Medaillengewinner wurden wieder in die Katakomben geschickt, die Zeremonie auf den nächsten Samstag verschoben. Als Katars Hymne erklang, waren 15.000 Zuschauer dabei. Und die Stimmung an den beiden letzten Tagen wurde deutlich besser. Hätte Barshim doch nur am ersten WM-Tag Gold geholt ...

LEICHTATHLETIK 2019 Augenblicke

LIEBES BEWEIS

Sie liebt das Laufen. Und das Publikum liebt Konstanze Klosterhalfen. Nirgendwo wurde dieser gegenseitige Liebesbeweis sichtbarer als bei den „Finals" in Berlin. Am ersten August-Wochenende verzauberte die junge Läuferin vom TSV Bayer 04 Leverkusen mehr als 26.000 Zuschauer am ersten Tag der Deutschen Meisterschaften im Berliner Olympiastadion. Im Alleingang pulverisierte „Koko" in 14:26,76 Minuten den 20 Jahre alten deutschen Rekord über 5000 Meter. Mehr als 15 Sekunden war sie schneller als Irina Mikitenko im Jahr 1999 (14:42,03 min). Zu diesem Zeitpunkt hielt sich die Kritik an Deutschlands größtem Lauftalent nach ihrem Umzug in die USA zu Trainer Pete Julian noch in Grenzen. Mit der Sperre von Alberto Salazar während der WM in Doha prasselten viele Fragen auf die 22 Jahre alte Deutsche ein. Doch Konstanze Klosterhalfen meisterte auch diese Situation mit einem Lächeln. Sie wird ihren erfolgreichen Weg weitergehen. Und ihren Fans noch viele tolle Rennen bescheren.

LEICHTATHLETIK 2019 Weltmeisterschaften in Doha

Die WM-Bilanz: Doha hat Maßstäbe gesetzt. Für die Präsentation der Leichtathletik im Stadion und im Fernsehen, aber auch was die Leistungen der Athleten anbelangt. Nie wurden bei einer WM so viele, so gute Resultate erzielt. Aber auch noch nie war eine WM so in der Kritik: Wegen Korruption, Menschenrechtsverletzungen, athletenfeindlicher Hitze bei den Straßenwettbewerben und einem mit hohem Energieverbrauch gekühlten Stadion, das in den ersten WM-Tagen zu oft viel zu leer war und in dem erst spät echte Leichtathletik-Stimmung aufkam. Das von zahlreichen Absagen und Ausfällen geschwächte deutsche Team hat sich unter diesen Bedingungen mit zwei Gold- und vier Bronzemedaillen erstaunlich gut behauptet.

Heiße Sache

Wenige Katarer, viele leere Sitze
Auch das waren Leichtathletik-Bilder, die von Doha aus in alle Welt gesendet wurden

Angeführt vom Golden Girl Malaika Mihambo verließ die Nachhut der deutschen Leichtathleten am Montag nach den Weltmeisterschaften Doha – das nächste Ziel hatte die erfolgreiche deutsche WM-Reisegruppe aber schon vor Augen: Deutlich weniger als ein Jahr war es da noch bis zum Startschuss der Olympischen Sommerspiele in Tokio, und es wird ein einziger langer Sprint bis nach Japan. Der Rückenwind aus Katar ist zwar hilfreich, aber allein kein Erfolgsgarant.

„In zehn Monaten ist Olympia schon wieder vorbei. Ich kann trotzdem jedem Athleten raten, die Vorbereitung mit einer sehr umfassenden Regenerationsphase zu beginnen", sagte Idriss Gonschinska, Generaldirektor des Deutschen Leichtathletik-Verbandes (DLV), „denn es war eine der schwersten Weltmeisterschaften, die ich erlebt habe." Der späte Termin, die extremen klimatischen Bedingungen, die Ausfälle vieler Leistungsträger: Dass die deutsche Mannschaft dennoch mit zweimal Gold und viermal Bronze die Bilanz von 2017 in London (ein Titel, je zweimal Silber und Bronze) übertraf, stimmte die Verantwortlichen zufrieden. „Das Team hat sich hervorragend geschlagen und mehr gebracht, als wir vorher erwarten durften", sagte DLV-Präsident Jürgen Kessing.

Grandios war in Doha neben dem 7,30 Meter weiten Goldsprung von Malaika Mihambo (LG Kurpfalz) vor allem die WM-Bilanz der deutschen Youngster: Der neue Zehnkampf-Gigant Niklas Kaul (USC Mainz) ist mit 21 Jahren schon der König der Athleten, Ausnahmeläuferin Konstanze Klosterhalfen (TSV Bayer 04 Leverkusen) trotzte mit nur 22 Jahren Afrikas Elite Bronze ab, und der erst 20-jährige Bo Kanda Lita Baehre (TSV Bayer 04 Leverkusen) steht vor einer großen Stabhochsprung-Karriere.

„Ich bin hellauf begeistert, dass wir solche Sportler haben, die in einem so frühen Karrierestadium schon international mithalten können bis hin zu Goldmedaillen", sagte Jürgen Kessing, „wir haben jetzt viel Freude an ihnen und werden hoffentlich in Zukunft noch mehr Freude haben."

Junge Garde als Stützpfeiler

Ob Kaul, Klosterhalfen oder Baehre – die neuen Stützpfeiler der deutschen Leichtathletik werden erst bei den Olympischen Spielen 2024 in Paris oder 2028 in Los Angeles auf dem Höhepunkt ihrer Leistungsfähigkeit angelangt sein.

„Wir werden unseren Weg weitergehen, denn er funktioniert ja", sagte Kaul, der in Doha zum jüngsten Zehnkampf-Weltmeister der Geschichte wurde. „Mit ihm haben wir ein neues Gesicht, einen neuen Sympathieträger, der auch für die Zukunft Erstaunliches erhoffen lässt", meinte Präsident Kessing.

Kauls Gold in einem Wettkampf für die Geschichtsbücher war der emotionale deutsche Doha-Höhepunkt, doch ausruhen will er sich auf dem Weltmeister-Lorbeer keinesfalls: „Ich ziehe daraus unglaublich viel Motivation für das harte Training der nächsten Wochen und Monate."

Schwere Aufgabe gemeistert

Erst am Anfang steht auch Klosterhalfen. Sie meisterte als junge Athletin die keinesfalls leichte Aufgabe, die unschöne Geschichte um den im Zuge einer Dopingaffäre gesperrten Alberto Salazar, Chefcoach ihres Trainingszentrums in den USA, auszublenden und trotz großer Konkurrenz in einem knüppelharten 5000-Meter-Rennen Dritte zu werden.

Gleiches gilt für Stabhochspringer Baehre, der kalt wie Hundeschnauze bei seinem WM-Debüt in einem erlesenen Final-Feld Vierter wurde. „Ich muss noch sehr viel arbeiten", sagte der Leverkusener, „ganz an die Spitze ist es noch ein weiter Weg, und ich muss noch viel Schweiß im Training aufbringen."

Neben Erfolg, Schweiß und Training gehören aber auch Niederlagen und

Perfekte Inszenierung

Lightshows, Feuerwerk, Projektionen. Doha hat gezeigt, was technisch möglich ist, um die Leichtathletik optimal in Szene zu setzen. So wie hier bei der Siegerehrung über 10.000 Meter der Männer mit dem zweitplatzierten Yomif Kejelcha (Äthiopien), Sieger Joshua Cheptegei (Uganda) und dem Dritten Rhonex Kipruto (Kenia)

Rückschläge zum Lernprozess. Christin Hussong (LAZ Zweibrücken) verpasste eine durchaus mögliche Speer-Medaille als unglückliche Vierte. „Ich habe noch einige Jahre vor mir und kämpfe für meine Träume", sagte die 25 Jahre alte Europameisterin. Langstrecklerin Alina Reh (SSV Ulm 1846) musste nach fulminantem Auftakt ihr 10.000-Meter-Rennen mit schlimmen Bauchkrämpfen aufgeben.

Oder auch Gina Lückenkemper (SCC Berlin), im Vorjahr zum neuen deutschen Leichtathletik-Gesicht ausgerufen: 2019 brachte die erste empfindliche Delle in ihrer Entwicklung, beim Halbfinal-Aus über 100 Meter sprintete Lückenkemper weit hinter ihrem Topniveau her. „Das muss ich jetzt so hinnehmen und weitergucken", sagte die 22-Jährige. Auch sie gehört zu denen, welche die deutsche Leichtathletik weitertragen können. Nach Tokio, nach Paris und nach Los Angeles.

Speerwerfer unter ihrem Niveau

Einiges gutzumachen haben die deutschen Speerwerfer. Von drei möglichen Medaillenkandidaten setzte sich am Ende Johannes Vetter (LG Offenburg) mit Bronze durch – auch wenn er seinen Weltmeistertitel loswurde. Bei Olympia will der verletzungsgeplagte Offenburger wieder fit angreifen. Der in der Doha-Qualifikation gescheiterte Rio-Olympiasieger Thomas Röhler (LC Jena) will wieder Stärke zeigen. „Die Fehler muss ich bei mir suchen, das ist auch der Beginn in Richtung Tokio", sagte Röhler.

Sollte das deutsche Team in Bestbesetzung das Abenteuer Olympia in Angriff nehmen können, wird es schlagkräftig sein: Neben Mihambo und den ganz Jungen sind auch die weiteren Doha-Medaillisten Gesa Felicitas Krause (3000 m Hindernis; Silvesterlauf Trier e.V.) und Christina Schwanitz (Kugel-

DIE NATIONENWERTUNG VON DOHA

		🥇	⚫	🥉	4.	5.	6.	7.	8.	Punkte
1	USA	14	11	4	7	6	4	9	8	310
2	Kenia	5	2	4	3	3	3	3	2	122
3	Jamaika	3	5	4	3	1	3	1	2	115
4	China	3	3	3	2	4	2	1	2	99
5	Äthiopien	2	5	1	3	1	2	0	1	83
6	Großbritannien	2	3	0	5	2	2	3	0	82
7	Deutschland	2	0	4	3	1	2	1	2	69
8	Polen	1	2	3	0	2	1	2	1	56
9	Kanada	0	1	4	0	2	3	2	3	55
10	Ukraine	0	2	0	2	3	2	1	0	44
11	Japan	2	0	1	0	0	2	2	1	33
12	Kuba	1	1	1	0	2	0	0	1	30
12	Niederlande	2	0	0	0	0	2	4	0	30
14	Bahrain	1	1	1	1	0	0	1	0	28
15	Weißrussland	0	0	0	1	2	3	1	1	25
15	Brasilien	0	0	0	3	1	1	1	1	25
15	Frankreich	0	1	1	0	1	2	1	1	25
15	Schweden	1	1	1	0	0	1	0	1	25
15	Uganda	2	0	0	1	0	1	0	0	25
20	Kolumbien	0	1	1	1	1	0	0	0	22

Spektakuläre Bilder ...

... wurden in Doha en masse produziert. Hier fliegt der Stabhochsprung-Vierte Bo Kanda Lita Baehre vor einer Projektion der Skyline der Wüstenstadt über die Latte

stoßen; LV 90 Erzgebirge) auf einem sehr guten Weg.

Gesa Krause präsentierte sich dabei überragend. Zum zweiten Mal nach Peking 2015 holte sie WM-Bronze über 3000 Meter Hindernis. In einem Wahnsinnsrennen sicherte die 27-Jährige mit deutschem Rekord die ersehnte erste Medaille für das DLV-Team in Katar. „Es war eine Willensleistung. Ich kann es nicht in Worte fassen. Ich habe davon geträumt, ich wollte es unbedingt. Es ist ein Traum in Erfüllung gegangen. Das macht mich stolz und erfüllt mich mit Glück", sagte Krause.

Auch der wieder erstarkte Ex-Weltmeister Raphael Holzdeppe (Stabhochsprung; LAZ Zweibrücken) geht hochmotiviert in die vorolympische Schufterei, dem in Doha enttäuschenden Hochsprung-Europameister Mateusz Przybylko (TSV Bayer 04 Leverkusen) geht es nicht anders. Und für Diskus-Olympiasieger Christoph Harting (SCC Berlin), der in Doha das Finale verpasste, ist Tokio eines der wenigen Ziele, die ihn wirklich interessieren.

Fragezeichen gibt es bei einigen Rückkehrern: Während Siebenkämpferin Carolin Schäfer (LG Eintracht Frankfurt) in Tokio wieder eine gute Rolle spielen dürfte, hat sich in den Sparten der ebenfalls in Doha verletzt fehlenden Pamela Dutkiewicz (100 m Hürden; TV Wattenscheid), Marie-Laurence Jungfleisch (Hochsprung; VfB Stuttgart) und David Storl (Kugelstoßen; SC DHfK Leipzig) eine Menge getan, das Niveau ist außerordentlich hoch.

Leistungsstärkste WM überhaupt

Das zeigt auch eine Analyse, bei der die Leistungen der Top-Fünf-Athleten in den besten 24 Disziplinen bei der WM nach der Punktetabelle des Welt-Leichtathletik-Verbandes (IAAF) bewertet wurden: In dieser Wertung waren die Weltmeisterschaften von Doha mit 196.457 Punkten die leistungsstärksten Leichtathletik-Titelkämpfe, die es jemals gab. Bislang führten die Olympischen Spiele 2016 in Rio de Janeiro 2016 das Ranking mit 195.593 Punkten an.

Ebenfalls Maßstäbe setzte die WM in Sachen Präsentation der Wettbewerbe. Mit einer bombastischen Lightshow wurden die Finalisten vorgestellt und Fotos von ihnen auf die Bahn projiziert. Solche Bilder hatte die Leichtathletik nie zuvor produziert.

Allerdings gingen die Organisatoren auf der Jagd nach spektakulären Bilder auch einen Schritt zu weit. Die in die Startblöcke eingebauten Kameras, die die Gesichter der Sprinter beim Start aufnehmen sollten, stießen auf massive Kritik. Die deutschen Sprint-Asse Gina Lückenkemper und Tatjana Pinto (LC Paderborn) empfanden die Kameras als „unangenehm" und „sehr fragwürdig". Lückenkemper fragte nach ihrem Vorlauf über 100 Meter: „War an der Entwicklung dieser Kamera eine Frau beteiligt? Ich glaube nicht. In den knappen Sachen über diese Kamera zu steigen, um in den Block zu gehen, finde ich sehr unangenehm. Also ich weiß nicht, ob ihr gerne von unten von einer Kamera gefilmt werden wollt", sagte sie. Für Pinto war es „sehr fragwürdig, die Kamera da zu platzieren". Der DLV führte danach erfolgreich Gespräche mit der IAAF, nach denen keine Bilder mehr gesendet wurden, die zeigten, wie die Athleten in den Startblock steigen.

Kritik kam von Top-Athleten

Das war aber nur einer der zahlreichen Gründe dafür, dass die Wüsten-WM in Katar trotz der tollen Leistungen der Athleten und auch der Organisation gerade zu Beginn in der Öffentlichkeit kritisiert wurde: Kollabierende Sportler, ein gäh-

DEUTSCHE MEDAILLEN IN DOHA

Malaika Mihambo (LG Kurpfalz)	Weitsprung	7,30 m
Niklas Kaul (USC Mainz)	Zehnkampf	8691 Pkt.
Konstanze Klosterhalfen (TSV Bayer 04 Leverkusen)	5000 m	14:28,43 min
Gesa Felicitas Krause (Silvesterlauf Trier e.V.)	3000 m Hindernis	9:03,30 min (DR)
Christina Schwanitz (LV 90 Erzgebirge)	Kugelstoßen	19,17 m
Johannes Vetter (LG Offenburg)	Speerwurf	85,37 m

nend leeres Stadion und scharfe Kritik von Spitzenathleten sind in Erinnerung geblieben. Bei aller berechtigten Kritik am Austragungsort Katar sollte man allerdings nicht vergessen, dass die wenigsten Leichtathletik-Weltmeisterschaften vom ersten Tag an mit vollen Stadien glänzen konnten. Das war 2007 im japanischen Osaka nicht so – wo es im Übrigen mindestens genauso heiß war wie in Doha. Und auch nicht im koreanischen Daegu

Der 63 Jahre alte Brite, der in Doha ohne Gegenstimme im Amt bestätigt wurde, ließ öffentlich nichts auf diese WM kommen, die nicht einmal sein Baby war. Die Titelkämpfe waren noch unter Coes umstrittenem Vorgänger Lamine Diack in die Wüste geschickt worden. Dennoch erhob er dieses Sportfest, das ungeachtet der hohen sportlichen Qualität ein Tiefpunkt in der Geschichte der Weltmeisterschaften war, in den Hochadel der

Die einhellige Rückmeldung war, dass das Projektmanagement hier großartig war, dass die Konditionen hier fast perfekt sind", sagte Coe. „Ich als ehemaliger Sportler hätte hier selbst gerne mitgemacht." Der Präsident muss bei seiner repräsentativen Marktforschung Athleten wie Kevin Mayer und Yohann Diniz ausgespart haben. „Jeder kann sehen, dass dies hier ein Desaster ist. Die Tribünen sind leer, die Hitze hat man überhaupt

Die Leiden der Geher ...

... sind Christopher Linke bei seinem Gang auf Rang vier über 20 Kilometer anzusehen. Mit großem Kampf sicherte er in der Hitze der Wüstennacht die beste WM-Platzierung eines deutschen Gehers seit 14 Jahren

2011 oder in Moskau 2013. Und sogar bei der hoch gelobten WM in Berlin 2009 war das Olympiastadion zu Beginn bei Weitem nicht ausverkauft. Und in der zweiten WM-Hälfte war die Stimmung in Doha gut. Sogar die La Ola-Welle kreiste durchs Stadion.

Weltverbands-Präsident Sebastian Coe jedenfalls fand die WM in Doha „großartig". „Wir sehen hier, dass Katar ein tolles Land für die Leichtathletik ist", sagte der Präsident des Weltverbandes IAAF: „Wir bringen die Sportart dorthin, wo sie gut ankommen kann."

Sportveranstaltungen – und fegte ganz nebenbei über die öffentlich geäußerten Bedenken besorgter Sportler hinweg.

„Mein Instinkt sagt mir, dass die meisten Athleten auch den Eindruck haben, dass es eine gute Entscheidung war, die WM hier abzuhalten", sagte Coe. Es hätten „überhaupt nicht viele" Sportler gegen die teils gesundheitsschädlichen Wettkämpfe in der brutalen schwülen Hitze sowie die teils gespenstische Stille im Stadion protestiert. „Ich habe mit vielen Athleten gesprochen, ich habe immer eine Frage gestellt: Gefällt es euch?

nicht in den Griff bekommen", sagte der französische Zehnkampf-Weltrekordler Mayer. Sein Landsmann und Geher-Weltrekordler Diniz schimpfte: „Da draußen haben sie uns in einen Backofen geschoben. Sie haben aus uns Meerschweinchen gemacht, Versuchskaninchen."

Allerdings: Auch ein deutscher Geher zeigte, dass man mit diesen Bedingungen zurechtkommen kann. Christopher Linke verpasste über 20 Kilometer nur knapp eine Medaille. Der 30 Jahre alte Potsdamer kam beim Sieg des Japaners Toshikazu Yamanishi auf den

LEICHTATHLETIK 2019 Weltmeisterschaften in Doha

Realitätsverlust
Auf einer Pressekonferenz vor Beginn der WM verkündetete OK-Chef Dahlan Al Hamad, die WM-Tickets fänden rasenden Absatz. Und dann sah jeder, dass das Stadion zu Beginn der Wettkämpfe sehr leer war. IAAF-Präsident Sebastian Coe widersprach nicht

vierten Platz und lag nur 19 Sekunden hinter dem Bronzerang zurück. Christopher Linke fand trotz seiner tollen Leistung die Bedingungen mit Hitze und hoher Luftfeuchtigkeit „abartig, aber zum Glück haben wir unter noch schlimmeren Bedingungen trainiert."

Linke erzielte in einem klug geführten Rennen seine beste Platzierung bei einer großen Meisterschaft. 2016 bei Olympia und 2017 bei der WM hatte er jeweils Platz fünf belegt. Zudem egalisierte Linke, der im Juni in La Coruna mit 1:18:42 Stunden den deutschen Rekord von Andreas Erm eingestellt hatte, das beste deutsche WM-Ergebnis über 20 Kilometer. 2005 in Helsinki hatte der Berliner Andre Höhne ebenfalls Rang vier belegt. Über 50 Kilometer gewann Andreas Erm 2003 in Paris Bronze. Die Geher hatten – wie die Marathonläuferinnen – mit brutalen Bedingungen mit 32 Grad Hitze und fast 80 Prozent Luftfeuchtigkeit nach Mitternacht zu kämpfen.

Sehr unschön war in Doha, dass einige neue Weltmeister, darunter Zehnkampf-Weltmeister Niklas Kaul, ihre Ehrenrunde in einem fast leeren Stadion absolvieren mussten. Kaul meinte im ZDF-Sportstudio: „Ich glaube, dass man der Leichtathletik keinen Gefallen getan hat." Das lokale Organisationskomitee und seine Medienabteilung agierten phasenweise wie ein Propaganda-Ministerium. Dahlan Al Hamad, OK-Chef und Vizepräsident des Weltverbandes IAAF,

Immer voller
Nachdem das tolle, neue Leichtathletikstadion von Doha zu Beginn extrem leer geblieben war, füllten sich die Ränge im WM-Verlauf immer mehr

teilte auf einer skurrilen Pressekonferenz kurz vor WM-Beginn mit, dass von insgesamt 200.000 Eintrittskarten nur noch 5000 zu verkaufen seien und auch diese rasenden Absatz finden.

Und dann lautete die offizielle Zuschauerzahl für den ersten WM-Sonntag mit dem Frauenfinale über 100 Meter 7266. Um beim Hochsprung-Gold von Volksheld Mutaz Essa Barshim das Stadion mit offiziell 42.180 Zuschauern zu befüllen, „haben das OK, seine Partner und öffentliche Institutionen Tickets verkauft und verteilt", teilten die WM-Macher mit. Zeitweise waren keine Eintrittskarten nötig, um das Stadion zu betreten. Immerhin: Besser so als leer.

Dass viele Geher und Marathonläuferinnen in der schwülen Hitze kapitulierten und teils dramatische Bilder von entkräfteten Athleten in die Welt gesendet wurden, veranlasste das OK zu der entschiedenen Feststellung, dass das medizinische Personal der WM „nach fünf von sechs Straßenwettbewerben keinen einzigen Hitzeschlag diagnostiziert" habe.

Läufer und Geher kollabierten

Für Athleten wie den deutschen Geher Nils Brembach dürften solche Worte wie Hohn klingen. Nachdem er in der Hitzeschlacht des 20-Kilometer-Wettbewerbes völlig entkräftet war, wurde er von der medizinischen Abteilung des DLV aus dem Rennen genommen. Die deutschen Betreuer um Mannschaftsarzt Andrew Lichtenthal überschütteten den 26-Jährigen mit Eis, ehe er auf einer Liege ins Medizinzelt gebracht wurde. Bundestrainer Ron Weigel gab aber wenig später Entwarnung.

Dass diese WM in Sachen Straßenwettbewerbe alles andere als großartig, sondern eher verstörend war, bestätigte wenige Tage nach der letzten Disziplin das Internationale Olympische Komitee (IOC). Es reagierte auf die auch bei den Olympischen Sommerspielen 2020 drohende Hitze in Tokio: Die Marathon- und Geh-Wettbewerbe sollten nach Sapporo in die nördlich gelegene japanische Präfektur Hokkaido verlegt werden. Dort herrschen niedrigere Temperaturen, in Tokio werden im Olympiazeitraum vom 24. Juli bis 9. August über 35 Grad und hohe Luftfeuchtigkeit befürchtet.

Olympia auch in Sapporo?

Die Verlegung der Langstreckenrennen in die Stadt der Winterspiele von 1972, die mehr als 800 Kilometer Luftlinie von Tokio entfernt liegt, ist eine der Maßnahmen des IOC in Zusammenarbeit mit dem Organisationskomitee für den Schutz der Athleten und Zuschauer. Die endgültige Entscheidung über die Austragung der Wettbewerbe in Sapporo sollte auf einer Sondersitzung am 30. Oktober und 1. November (nach Redaktionsschluss dieses Buches) fallen. „Die Gesundheit und das Wohlbefinden der Athleten stehen immer im Mittelpunkt unseres Interesses", sagte IOC-Präsident Thomas Bach: „Die neuen weitreichenden Vorschläge, die Marathon- und Geher-Wettbewerbe zu verlegen, zeigen, wie ernst wir die Sorgen nehmen." Hoffen wir es. Denn in Doha war noch zu vieles nicht für die Athleten organisiert.

Tiefpunkt Marathon

Marathon-Entscheidungen mitten in der Nacht, ohne Zuschauer, aber mit schwüler Hitze und kollabierenden Athletinnen. Mit den Straßenwettbewerbe hat sich die Leichtathletik in Doha von ihrer unschönen Seite gezeigt, auch wenn die meisten Athleten dank Maßnahmen zum Hitzemanagement mit den Bedingungen klarkamen

LEICHTATHLETIK 2019 Die Stars der Saison

Ein Jahr im Flugmodus

Malaika Mihambo: Die WM-Goldmedaille im Khalifa-Stadion von Doha war die logische Konsequenz einer überragenden Saison. Alle ihre Wettkämpfe hatte die 25-Jährige im Sommer 2019 gewonnen. In Doha steigerte sie sich auf sensationelle 7,30 Meter. Wie schon vor einem Jahr bei ihrem EM-Triumph in Berlin bewies Malaika Mihambo dabei enorme Nervenstärke.

LEICHTATHLETIK 2019 Die Stars der Saison

Malaika Mihambo zog noch einmal ihren Lippenstift nach, der letzte Versuch war ihre große Bühne. Das WM-Gold war ihr nach ihrem Riesensatz auf 7,30 Meter schon lange nicht mehr zu nehmen, aber die neue Weitsprung-Weltmeisterin präsentierte sich nochmal ihren Fans und der Mama auf der Tribüne. Malaika Mihambo lächelte und legte 7,16 Meter nach. Auch diese Weite hätte der 25-Jährigen locker zum Titel gereicht. Anschließend posierte sie mit der Deutschland-Fahne um den Schultern für die Fotografen und ließ sich feiern.

„Das ist unglaublich, ich kann es selbst noch nicht fassen", sagte Mihambo, die Gold angekündigt hatte und ihre Mission souverän erfüllte. „Es war nicht einfach, ich hatte am Anfang ein paar Probleme. Jetzt bin ich einfach nur glücklich." 26 Jahre nach Heike Drechsler krönte sich Malaika Mihambo zur zweiten deutschen Weitsprung-Weltmeisterin. Die Topfavoritin blieb in Doha nach einem Holperstart cool und sicherte sich mit ihrem Traumsprung den ersehnten Titel. Maryna Bech-Romantschuk aus der Ukraine (6,92 m) und die Nigerianerin Ese Brume (6,91 m) hatten keine Chance – Mihambo triumphierte mit dem größten Vorsprung der WM-Geschichte.

Mentale Meisterleistung

Dabei hatte die Athletin von der LG Kurpfalz zunächst mehr Schwierigkeiten als erwartet. Im ersten Versuch landete sie bei 6,52 Metern, allerdings war sie rund einen halben Meter vor dem Brett abgesprungen. Der zweite Versuch war ungültig – doch dann hatte sie ihr Timing gefunden. Mihambo segelte im dritten Durchgang auf 7,30 Meter, so weit wie nie zuvor. Auch bei der EM in Berlin im Vorjahr hatte sie mit ihrem dritten Sprung den Titel klargemacht.

„Jetzt bin ich eigentlich sicher, dass nichts mehr passieren kann. Da müsste jetzt schon ein Wunder geschehen, dass das schiefgeht", sagte ihr Trainer Ralf Weber im ZDF. Malaika Mihambo verbesserte sich hinter Heike Drechsler (7,48 m) auf Platz zwei der „ewigen" deutschen Bestenliste, nur US-Ikone Jackie Joyner-Kersee sprang bei ihren Titelgewinnen 1987 (7,36 m) und 1991 (7,32 m) weiter bei einer WM als Mihambo.

Die Springerin veredelte damit ihre herausragende Saison und blieb auch im wichtigsten Wettkampf des Jahres ungeschlagen. Oben auf der Tribüne im Khalifa-Stadion jubelte ihre Mutter mit, zu Hause in Oftersheim verfolgten Freunde und Fans den nächsten Triumph der Europameisterin bei einem Public Viewing

DEUTSCHLANDS BESTE WEITSPRINGERINNEN

7,48 m (+1,2)	Heike Drechsler (SC Motor Jena)	Neubrandenburg	09.07.1988
7,30 m (-0,8)	Malaika Mihambo (LG Kurpfalz)	Doha	06.10.2019
7,21 m (+1,6)	Helga Radtke (SC Empor Rostock)	Dresden	26.07.1984
7,16 m (+1,6)	Sosthene Moguenara (LAZ Saar 05)	Weinheim	28.05.2016
7,12 m (+1,6)	Sabine Paetz-John (SC DHfK Leipzig)	Dresden	19.05.1984
7,04 m (+0,5)	Brigitte Wujak (SC Dynamo Berlin)	Moskau	31.07.1980
7,00 m (-0,2)	Birgit Großhennig (SC Magdeburg)	Berlin	09.06.1984
7,00 m	Susen Tiedtke (SCC Berlin)	Seoul	18.08.1991
6,99 m (+2,0)	Sigrun Siegl (SC Turbine Erfurt)	Dresden	19.05.1976
6,96 m (+1,8)	Christine Schima (SC Chemie Halle)	Dresden	26.07.1984

Auf dem Weg in die Top Ten
National hat Malaika Mihambo nur noch Heike Drechsler vor sich. International sind 7,31 Meter die Eintrittskarte in die Riege der zehn besten Weitspringerinnen aller Zeiten. Die 25-Jährige ist auf dem besten Weg dorthin

LEICHTATHLETIK 2019 Die Stars der Saison

„Ich mache mir jetzt eine Flasche Champagner auf."

Heike Drechsler, die Malaika Mihambos Triumph in Helsinki mitverfolgte

im Rose-Saal. Die immer noch beste deutsche Weitspringerin aller Zeiten, Heike Drechsler, zitterte zu Hause in Helsinki vor dem Fernseher mit. „Ich freue mich wahnsinnig für sie, das hat sie sich verdient", sagte Drechsler und feierte den Goldsprung standesgemäß „Ich mache mir jetzt eine Flasche Champagner auf", sagte die Olympiasiegerin von 2000, die seit Januar mit dem ehemaligen finnischen Hürdenläufer Arto Bryggare verheiratet ist und in der finnischen Haupstadt lebt: „Ich gönne es ihr von Herzen."

Mit 7,16 Meter war Mihambo als Nummer eins der Welt nach Katar gereist, schon vor der WM legte sie die drei weitesten Sprünge des Jahres hin, und so war es kein Wunder, dass sie sich in den Tagen vor dem Finale sehr siegessicher gegeben hatte. Vor dem Wettkampf schrieb sie auf Instagram: „Lasst uns herausfinden, wer die Beste der Welt ist." Wohlwissend, dass der Titel nur über sie vergeben wird.

Nach einer schon guten Hallensaison mit einem 6,99-Meter-Sprung beim ISTAF Indoor in Berlin und Rang vier bei der Hallen-EM in Glasgow (6,83 m) startete Mihambo im Sommer durch.

Seit dem ersten Sieben-Meter-Sprung ihrer Karriere (7,07 m) Anfang Juni in Rom wuchs Malaika Mihambos Selbstvertrauen von Woche zu Woche. Wenig später legte sie in Dessau 7,05 Meter nach. In London schlug sie erneut die versammelte Weltklasse mit 7,02 Meter. Und bei den Deutschen Meisterschaften, den Finals in Berlin, flog sie im letzten Durchgang auf 7,16 Meter. Eine Saison wie aus einem Guss. Beim Europacup in Bydgoszcz verhinderte nur der Wind

LEICHTATHLETIK 2019 Die Stars der Saison

(7,11 Meter bei +2,2 m/s Rückenwind) den nächsten regulären Sieben-Meter-Sprung. Beim ISTAF in Berlin blieb sie nur einen Zentimeter unter der magischen Marke, die immer noch das Non-Plus-Ultra in ihrer Disziplin darstellt. Beim Meeting der Golden-League in Brüssel tankte sie mit einer bärenstarken Serie (6,97 m/6,99 m/7,03 m) nochmal Selbstvertrauen vor dem Abflug nach Doha. Aus ihrem Gold-Anspruch machte sie nach keinen Hehl mehr. „Ich finde es schön, in der Favoritenrolle zu sein", sagte sie, „und habe auch den Ansporn, dieser gerecht zu werden". Malaika Mihambo schaltete auch in Doha den Flugmodus nicht aus und wurde souverän Weltmeisterin.

Vier Wochen nach Thailand

Danach ging es erstmal in den wohlverdienten Urlaub. Ihre Goldmedaille hatte sie allerdings nicht im Gepäck, als sie nach ihrem Triumph von Doha direkt nach Bangkok flog. Ihr neuer Schatz sei dann doch zu wertvoll, „ich will sie nicht verlieren", sagte die Weitsprung-Weltmeisterin, ehe sie als Backpackerin nach Thailand reiste. Abschalten. Tauchen. Das Land entdecken. „Ich habe jetzt vier Wochen frei, die will ich voll auskosten", sagte Mihambo. Das Gold nahm die Mama mit nach Hause.

Wenn Malaika Mihambo gerade nicht zu weiten Sprüngen abhebt, gilt sie als sehr bodenständig. Sie ist in Oftersheim bei Heidelberg zuhause. Ihr Vater stammt aus Sansibar, die Mutter aus der Nähe von Mannheim. Dort ist ihre Heimat und das soll auch so bleiben. „Ich finde es einfach schön, hier zu sein und zu wissen, dass es noch etwas anderes außer Leistungssport gibt." Eine ganz wichtige Konstante in ihrem Leben und der vielleicht wichtigste Baustein auf dem Weg an die Weltspitze ist ihr Trainer. Schon seit 15 Jahren betreut Ralf Weber die Athletin Malaika Mihambo. Gemeinsam haben die beiden die Weitsprung-Welt erobert.

Wo das enden soll? „Dass ich solche Weiten erreichen kann, das war uns klar. Es war nur eine Frage der Zeit. Und jetzt ist es eben wieder offen, wohin es noch gehen kann", sagt sie.

Dass für Malaika Mihambo auch andere Dinge im Leben wichtig sind, zeigt ihr soziales Engagement. 2018 flog sie nach der EM nach Indien, ganz alleine, nur mit ihrem Rucksack. Sie wollte neue, andere Erfahrungen machen. Ihren Horizont erweitern. Nur Sport treiben ist der Studentin der Umweltwissenschaften zu wenig. „Malaika ist so eine Athletin, die den X-Faktor hat", sagt DLV-Generaldirektor Idriss Gonschinska, der die Top-Athleten bestens kennt.

Nun startet die Vorbereitung auf Tokio. Malaika Mihambo wird auch dort aller Voraussicht nach als Top-Favoritin an den Start gehen. Kaum jemand geht mit dieser Rolle ähnlich selbstbewusst um wie sie. Beste Aussichten also auf ein weiteres Jahr im Flugmodus.

Eine Demonstration ...

... war nicht nur Malaika Mihambos WM-Triumph. Mit dem größten Vorsprung in der WM-Geschichte holte sie Gold vor Maryna Bech-Romantschuk (li.) aus der Ukraine (6,92 m) und die Nigerianerin Ese Brume (re./6,91 m). Schon bei den Deutschen Meisterschaften in Berlin hatte Mihambo (Fotos rechts) mit einem 7,16-Meter-Sprung ihr Potenzial gezeigt

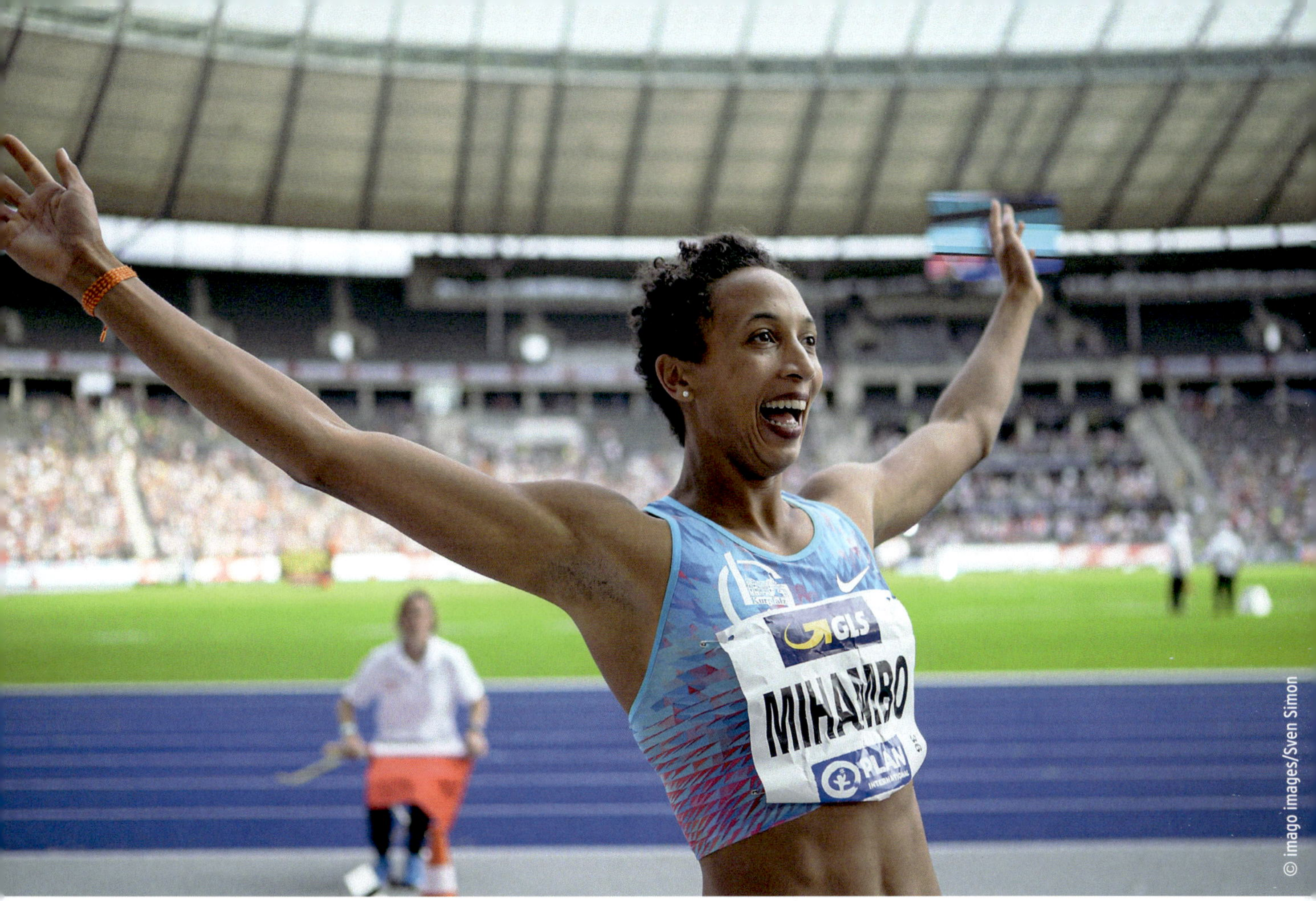

© imago images/Sven Simon

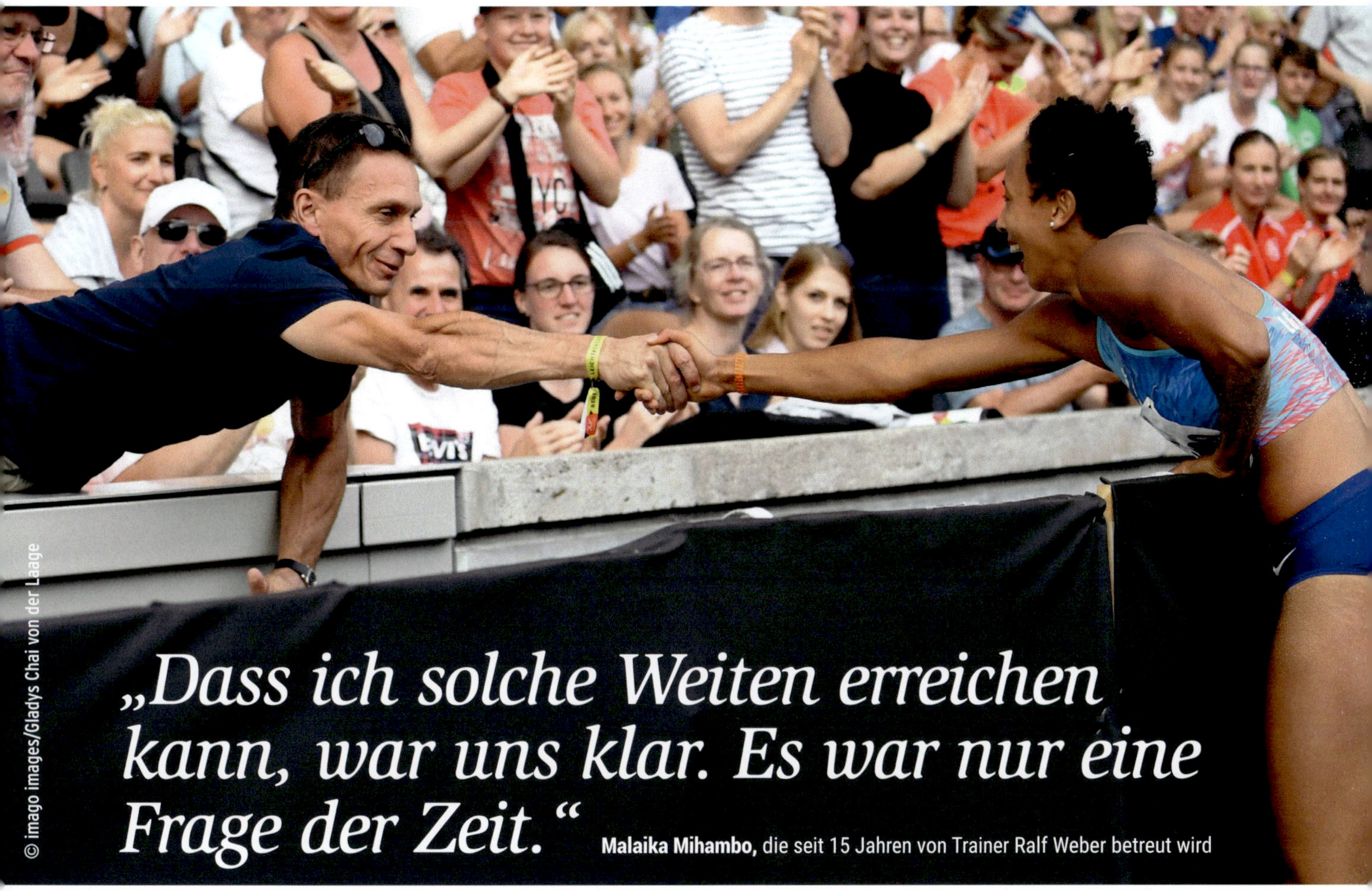

© imago images/Gladys Chai von der Laage

„Dass ich solche Weiten erreichen kann, war uns klar. Es war nur eine Frage der Zeit.“ **Malaika Mihambo,** die seit 15 Jahren von Trainer Ralf Weber betreut wird

Versöhnlicher Abschluss

Die Speerwerfer: Von der deutschen Weltklasse-Troika schaffte es nur einer ins Finale der WM: Johannes Vetter. Thomas Röhler und Andreas Hofmann scheiterten in der Qualifikation. Vetter holte Bronze und war damit nach einem schwierigen Jahr zufrieden – obwohl deutlich mehr möglich gewesen wäre. Der vierte im Bunde, Julian Weber, schlug sich achtbar und wurde Sechster.

LEICHTATHLETIK 2019 Die Stars der Saison

Im Bauch des Khalifa-Stadions wurde Johannes Vetter die verpasste Riesenchance bewusst. „Mit meinem Leistungsniveau hätte ich hier auf alle Fälle heute Gold holen können", sagte der entthronte Speerwurf-Weltmeister nach seinem schmerzhaften dritten Platz im Finale von Doha. Grämen wollte sich der Mann von der LG Offenburg aber nicht: „Ich habe heute nicht Gold verloren, sondern Bronze gewonnen." Vetter feierte seinen persönlichen Sieg, einen über sich selbst.

„Es war ein hartes Jahr", sagte der deutsche Rekordhalter: „Ich laboriere schon länger an einer Fußverletzung, es gab familiäre Schicksalsschläge, die auch noch zu verarbeiten sind. Angesichts dieser Kombination war es einfach eine Willensleistung, dass ich über meinen körperlichen Verstand hinaus gekämpft und mich mit Bronze belohnt habe."

Mäßiges Niveau

Dennoch: In Normalform hätte Johannes Vetter das Finale gewonnen. Und Normalform hatte er nur einen Tag zuvor in der Qualifikation noch erreicht, da war sein Speer 89,35 Meter weit geflogen. Im Finale, das auch ansonsten nur mäßiges Niveau bot, kam der 26-Jährige auf für ihn unbefriedigende 85,37 Meter. So sicherte sich überraschend Anderson Peters aus Grenada (86,89 m) Gold vor dem Esten Magnus Kirt (86,21 m).

Vetter verpasste die Chance, zum erst zweiten Mehrfach-Champion unter den Speerwerfern nach dem tschechischen Weltrekordler Jan Zelezny (1993, 1995 und 2001) zu werden. Damit riss auch die deutsche Siegesserie bei Großereignissen, nachdem Thomas Röhler Olympia-Gold 2016 sowie den EM-Titel 2018 geholt hatte und Vetter 2017 Weltmeister geworden war.

Eine Medaille ist eine Medaille

Klar hätte er im Finale gerne noch einmal einen 89-Meter-Wurf ausgepackt und Gold geholt, aber am Ende strahlte Johannes Vetter auch über seine Bronzemedaille. Nach einem von vielen kleineren und größeren Verletzungen geprägten Jahr, war er froh, überhaupt Edelmetall mit nach Hause nehmen zu können

„Mein Körper ist in diesem Jahr mein größter Gegner."

So erklärte **Johannes Vetter**, warum er 2019 nie richtig in Schwung kam.

Der 26-Jährige startete mit einem schwachen Versuch diesseits der 80-Meter-Marke in den Wettkampf, machte ihn ungültig. Versuch Nummer zwei war längst nicht perfekt und flog fast aus dem Sektor hinaus, reichte aber dann zu Bronze – danach lief kaum noch etwas zusammen, die folgenden Versuche waren deutlich kürzer.

Fehlende Wettkampfroutine

Doch angesichts vieler Verletzungen ließ Vetter Kritik an seinem Abschneiden nicht gelten. Vor allem der Fuß seines linken Stemmbeins machte immer wieder Ärger. Die auch im Hinblick auf Olympia 2020 dringend nötige Operation verschob Vetter auf kurz nach der WM, die er ansonsten hätte sausen lassen müssen. Aufgrund der Schwächung dieses für einen Speerwerfer so entscheidenden Körperteils verlief die Vorbereitung alles andere als ideal. „Ich sage es mal salopp: Ich versuche in diesem schwierigen Jahr, aus Scheiße Gold zu machen", sagte Vetter. „Mein Körper ist in diesem Jahr mein größter Gegner." Bundestrainer Boris Obergföll, der auch Vetters Heimtrainer ist, meinte: „Ihm fehlen dadurch rund 1000 Würfe, und es fehlt vor allem die Wettkampfroutine."

Vetter stellte sich trotzdem der Herausforderung. Kurz vor der WM erzielte Vetter in Minsk beachtliche 90,03 Meter, der erste Wurf in der Qualifikation war eine Demonstration der Stärke: 89,35 Meter, souveräne Tagesbestweite – Vetter, das merkte die Konkurrenz – war voll da.

Flieg Speer, flieg!

Zumindest in der Qualifikation wurde Julian Weber erhört. Mit 84,29 Metern qualifizierte sich der Mainzer locker fürs Finale, aber auch bei ihm lief es in diesem nicht wie gewünscht. Mit 81,26 Metern landete er immerhin auf Rang sechs

© imago images/Sven Simon

Geteiltes Leid ist halbes Leid
Weder Andreas Hofmann (oben) noch Thomas Röhler suchten nach Entschuldigungen für ihr enttäuschendes Abschneiden. Tenor: Weder das Klima noch die Bahn oder sonst irgendetwas ist schuld an unseren mäßigen Leistungen – sondern wir. Nach ihrem Ausscheiden nahmen sich die beiden Kumpels einmal kurz in den Arm, anschließend ging der Blick schon wieder nach vorne

Für die deutschen Speerwerfer, den man durchaus einen Dreifachtriumph zutrauen durfte, war es eine verkorkste WM – darüber konnte auch Vetters Bronzemedaille und der respektable sechste Platz von Julian Weber (USC Mainz) nicht hinwegtäuschen. Olympiasieger und Europameister Thomas Röhler (LC Jena) und der deutsche Meister und Vize-Europameister Andreas Hofmann (MTG Mannheim) waren überraschend bereits in der Qualifikation gescheitert.

Technische Ungereimtheiten
Röhler hatte die gesamte Saison mit großen technischen Problemen zu kämpfen. Während er in den Vorjahren regelmäßig die 90-Meter-Marke übertraf, zumindest aber dicht an sie herankam, stehen für ihn 2019 lediglich 86,99 Meter als Saisonbestleitung zu Buche – für den 28-Jährigen eigentlich eine Standardweite. In Doha kam er in allen drei Versuchen der Qualifikation überhaupt nicht zurecht. Zwei Würfe machte er ungültig, der dritte landete bei 79,23 Metern, Platz 23 in der Endabrechnung.

„Speerwerfen wird von Nuancen bestimmt, technische Fehler haben es nicht möglich gemacht, dass ich heute die Qualifikationsweite schaffe", sagte Röhler anschließend. „Der Fehler ist allein bei mir zu suchen, da müssen wir nicht über das Klima oder Bodenbeläge sprechen. Es war einfach nicht mein Tag. Aber morgen werde ich die Jungs von der Tribüne aus anfeuern." Röhler, der ansonsten alles gewonnen hat, muss damit weiter auf eine WM-Medaille warten. 2015 und 2017 war er jeweils Vierter geworden.

Hofmann, der 20. wurde, übertraf im ersten Versuch noch die 80-Meter-Marke, doch danach lief auch beim Mannheimer rein gar nichts mehr zusammen. „Ich bin maßlos von mir enttäuscht. Ich konnte meine Saisonleistungen nicht bestätigen", sagte der 27-Jährige.

Dabei war es bei den Deutschen Meisterschaften im Berliner Olympiastadion für Hofmann noch ganz gut gelaufen: Er kam schwer in den Wettkampf, verteidigte dann aber mit 87,07 Metern seinen Titel erfolgreich und schob sich noch knapp vor Außenseiter Julian Weber (86,60 m). Thomas Röhler (82,70 m) musste sich mit Rang drei begnügen, Bernhard Seifert (SC Potsdam), mit der Empfehlung von 89,06 Metern nach Berlin gereist, kam über 79,32 Meter nicht hinaus. Und Johannes Vetter? Der war gar nicht erst angetreten, nachdem er sich beim Aufwärmen eine Wadenzerrung zugezogen hatte.

Der Wettkampf in Berlin spiegelte die Saison von Deutschlands Speerwurfassen ganz gut wider: Röhler nicht in Form, Hofmann unbeständig, Vetter von Verletzungen geplagt, Weber beständig auf gutem Niveau.

Großer Teamgeist

Dass Julian Weber überhaupt zur WM fahren durfte, hat er allerdings dem großen Teamgeist eines anderen deutschen Speerwerfers zu verdanken: Bernhard Seifert verzichtete zu Webers Gunsten auf seinen Startplatz. Der Potsdamer zog damit die Konsequenz aus einem deutlichen Leistungsabfall nach der Nominierung.

„Trotz fortlaufend intensiven Trainings konnte die zu Beginn der Wettkampfsaison dargestellte Leistungsfähigkeit nicht wieder erreicht werden. Für diese Entwicklung haben wir bisher alle noch keine Erklärung", sagte Bundestrainer Boris Obergföll: „Ich habe absolute Hochachtung vor der Entscheidung von Bernhard Seifert. Das ist eine Geste, die nicht alltäglich ist."

Auch Idriss Gonschinska, Generaldirektor Sport des DLV, lobte den Schritt Seiferts. „Diese Entscheidung respektiere ich mit großer Wertschätzung. Er bringt sich dabei mit bemerkenswertem Fairplay und Teamgeist im Sinne des Erfolges der DLV-Nationalmannschaft ein. Seine Entscheidung ist zudem ein Ausdruck der besonderen Atmosphäre im DLV-Speerwurfteam." Manchmal kann dieser Teamspirit Berge versetzen. Und was in Doha nicht geklappt hat, gelingt ja vielleicht in Tokio.

Selbstloser Verzicht

Der Potsdamer Bernhard Seifert verzichtete zugunsten von Julian Weber auf seinen Startplatz bei der Leichtathletik-WM. Der 26-Jährige zog damit die Konsequenz aus einem deutlichen Leistungsabfall vor den Weltmeisterschaften. Eigentlich hatte er sich mit einem Wurf von 89,06 Meter als Dritter der Bestenliste für Doha qualifiziert

„Der Fehler ist allein bei mir zu suchen."

So erklärte **Thomas Röhler**, warum er in Doha nicht in Schwung kam.

LEICHTATHLETIK 2019 Die Stars der Saison

Nicht zu stoppen

Konstanze Klosterhalfen: 2019 war das Jahr, in dem Deutschlands wohl größtes Lauftalent endgültig in der Weltspitze angekommen ist. Sechs deutschen Rekorden ließ Konstanze Klosterhalfen WM-Bronze gegen die Top-Läuferinnen aus Afrika folgen. Überschattet wurden ihre Erfolge allerdings durch die Dopingsperre gegen Alberto Salazar. Der US-Trainer ist Gründungsvater des Nike Oregon Project in Portland, dem Konstanze Klosterhalfen seit diesem Jahr angehörte und das nach der Sperre gegen Salazar geschlossen wurde. Sie trainierte allerdings nie bei Salazar, sondern während ihrer Zeit in den USA immer bei Pete Julian.

© imago images/Laci Perenyi

Wahnsinnsrennen zu Bronze

Bei den Weltmeisterschaften in Doha musste sich Konstanze Klosterhalfen über 5000 Meter in 14:28,43 Minuten nur den beiden Kenianerinnen Helen Obiri (14:26,72 min) und Margaret Kipkemboi (14:27,49 min) geschlagen geben. Lilian Kasait Rengeruk kam als Fünfte nach 14:36,05 Minuten ins Ziel. Vierte wurde die Äthiopierin Tsehay Gemechu (14:29,60 min)

LEICHTATHLETIK 2019 Die Stars der Saison

Konstanze Klosterhalfen schaute ein bisschen ungläubig, erst nach einigen Sekunden reckte sie den rechten Finger in die Luft. Und begriff dann mit der deutschen Fahne um den Schultern, dass sie Leichtathletik-Geschichte geschrieben hatte. Mit einem Wahnsinnslauf über 5000 Meter war sie gerade bei der WM in Doha zu Bronze gerannt. Die erst 22-Jährige musste sich nach 14:28,43 Minuten nur den beiden Kenianerinnen Helen Obiri (14:26,72 min) und Margaret Kipkemboi (14:27,49 min) geschlagen geben. Klosterhalfen holte damit die vierte Medaille für das DLV-Team in Katar – trotz des ganzen Doping-Wirbels um Alberto Salazar.

Kokos Meisterstück

„Das Schwierigste war, ruhig zu bleiben. In einem Sprintrennen eine Medaille rauszuholen, hätte ich nie gedacht", sagte Klosterhalfen. Obiri verteidigte mit einem Start-Ziel-Sieg erfolgreich ihren Titel und ist mit 29 Jahren und 296 Tagen die älteste Weltmeisterin der Geschichte über diese Distanz. In Doha lieferte Shootingstar Klosterhalfen, die alle nur „Koko" nennen, endgültig ihr Meisterstück ab. Sie fuhr auch mal die Ellenbogen aus, um ihre Position zu verteidigen und verhielt sich taktisch sehr klug – immer knapp hinter der Spitze laufend. Fünf Runden vor Schluss waren dann nur noch sechs Läuferinnen vorne mit dabei, das Tempo wurde immer schneller. Doch Klosterhalfen hielt mit, musste Obiri und Kipkemboi erst in der letzten Kurve ziehen lassen.

„Ich will mein bestes Rennen der Saison zeigen", hatte Klosterhalfen vor dem Finale gesagt. Mit ihrem deutschen Rekord von 14:26,76 Minuten, gelaufen Anfang August bei den Deutschen Meisterschaften in Berlin, war sie die Nummer zwei der Meldeliste – und damit natürlich eine Medaillenkandidatin. Doch so ein Finale ist dann ja doch etwas ganz anderes, Klosterhalfen aber blieb erstaunlich cool und lieferte ab.

Am Morgen nach dem Rennen gähnte sie dann öfters bei der obligatorischen Pressekonferenz. Die Nacht war kurz. „Viel geschlafen habe ich nicht", sagte die 22-Jährige, „das ist alles noch surreal." Mit blutigen Beinen war sie als erste Deutsche zu einer WM-Medaille über 5000 Meter gerannt, mit der Deutschland-Fahne um die schmalen Schultern feierte das „German Wunderkind" seinen Coup. Klosterhalfen gestand, dass sie vor dem großen Finale ein „bisschen nervös" war: „Aber wenn der Startschuss knallt, weiß ich, was zu tun ist." Dann wird aus der sonst so zierlichen Klosterhalfen eine Rennmaschine, eine zähe Kämpferin. Es ging ja hart zur Sache. Es wurde gerempelt um die Positionen, Klosterhalfen bluteten hinterher sogar die Beine – Spikes einer Konkurrentin hatten sie getroffen. Aber sie setzte sich durch, das hat sie in den USA gelernt, wo sie gelegentlich im Training boxt. „So richtig mit Schlagen, das macht super Spaß", sagte sie. Jetzt will sie „noch öfter boxen".

Kampf um die Reputation

Der wahre Kampf der Konstanze Klosterhalfen ging nach der Bronzemedaille über 5000 Meter aber erst so richtig los – um ihre Reputation. „Ich hoffe natürlich nicht", sagte Klosterhalfen auf die Frage, ob die Salazar-Affäre ihr Image beschädigen könnte, „und dass die Leute das trennen können." Der bisherige Cheftrainer und Gründungsvater des Nike Oregon Project (NOP) war während der WM wegen Verstößen gegen die Anti-Doping-Regeln für vier Jahre gesperrt worden.

Auch Klosterhalfen geriet dadurch in den Rechtfertigungsmodus. Sie verwies darauf, dass die Vorwürfe einen Zeitraum (2010 bis 2014) betreffen, in dem der Shootingstar noch gar nicht beim NOP war. Erst seit Ende 2018 wurde sie vor den Toren Portlands bei der umstrittenen Elite-

Da ist das Ding

Konstanze Klosterhalfen war vor der WM als Medaillenkandidatin gehandelt worden und hielt in einem Weltklassefeld über 5000 Meter dem Druck stand

Lauf in eine neue Dimension
Bei den Deutschen Meisterschaften in Berlin lief Konstanze Klosterhalfen über 5000 Meter in 14:26,76 Minuten nicht nur ihre Konkurrenz in Grund und Boden, sondern zertrümmerte auch den 20 Jahre alten deutschen Rekord von Irina Mikitenko, die 1999 an gleicher Stelle 14:42,03 Minuten gelaufen war

truppe von Pete Julian gecoacht. Seit dem Frühjahr 2019 gehörte sie auch offiziell dazu. „Ich weiß, dass das keinen aus meiner Gruppe betrifft", sagte Klosterhalfen, die nach eigenen Angaben in Doha zweimal auf Doping getestet wurde und sonst im Schnitt dreimal im Monat: „Wir machen alle sauberen Sport." Konsequenzen wollte sie aus der Affäre nicht ziehen, sie freute sich „auch schon wieder, zurück mit dem Team nach Amerika zu gehen".

Wenige Tage nach dem Ende der WM zog dann allerdings ihr Sponsor Nike die Konsequenzen aus der Sperre gegen Alberto Salazar. Der größte Sportartikelhersteller der Welt löse das Oregon Project auf (mehr dazu auf Seite 45).

Klosterhalfen kündigte umgehend an, Gespräche mit dem Deutschen Leichtathletik-Verband (DLV) und Nike zu führen. „Ich werde mich mit meinem Team besprechen und dann auch entsprechend Gespräche mit Nike und dem DLV aufnehmen, um für mich und meine sportliche Entwicklung und Zukunft die bestmögliche Entscheidung zu treffen", erklärte die 22-Jährige.

Wie sie sich selbst ihre Zukunft vorstellt, machte sie allerdings unmissverständlich klar: „Ich will mich in Amerika auf die Olympischen Spiele in Tokio vorbereiten", sagte sie anlässlich ihres Eintrags ins Goldene Buch ihrer Heimatstadt Königswinter.

Ihr bisheriger Trainer Pete Julian teilte kurz vor Redaktionsschluss dieses Buches bei Instagram mit, Klosterhalfen sei auch in Zukunft Teil eines siebenköpfigen Teams, das bei ihm trainieren werde. Julian bestätigte der Zeitung *The Oregonian* zudem, dass die neue Gruppe mit Klosterhalfen, 800-Meter-Weltmeister Donovan Brazier (USA) sowie Craig Engels (USA), Jessica Hull (Australien), Eric Jenkins (USA), Suguru Osako (Japan) und Shannon Rowbury (USA) noch keinen neuen Namen hat.

„Wir werden nach meinem Urlaub darüber reden", hatte Klosterhalfen zuvor gesagt. Dabei geht es vor allem um die Finanzierung durch ihren Ausrüster Nike. An den Gesprächen soll auch RB Leipzig-Klubchef Oliver Mintzlaff beteiligt sein. Der ehemalige Läufer und Leichtathletik-Manager hatte ihr schon zum Eintritt in das NOP verholfen. Sie wolle auf jeden Fall in Oregon weiter

KLOSTERHALFENS DEUTSCHE REKORDE 2019

Datum	Ort	Veranstaltung	Disziplin	Zeit
09.02.	New York (USA)	1. Millrose Games (Halle)	1500 Meter	4:02,70
09.02.	New York (USA)	1. Millrose Games (Halle)	1 Meile	4:19,98
16.02.	Leipzig	1. Deutsche Hallenmeisterschaften	3000 Meter	8:32,47
30.06.	Stanford (USA)	2. Diamond League	3000 Meter	8:20,07
03.08.	Berlin	1. Deutsche Meisterschaften	5000 Meter	14:26,76
18.08.	Birmingham (GBR)	1. Diamond League	1 Meile	4:21,11

auf dem Nike-Campus in der Nähe von Portland trainieren, sagte Klosterhalfen. „Nike hat mich in den vergangenen Jahren immer unterstützt und meinen Weg stets mitbegleitet, so wie es auch in Zukunft der Fall sein wird", erklärte sie. Auch Nike kündigte an, seine Athleten in dem Umbruch unterstützen zu wollen.

Das ganze Jahr über hatte sie die Einrichtungen in Oregon für ihre Entwicklung verantwortlich gemacht. Es sei „alles da, was man braucht." Und überhaupt werde auf einem ganz anderen Niveau trainiert mit absoluten Weltklasse-Athleten als Kollegen.

So hatte sie durch ihren Wechsel in die USA ein ganz neues Leistungslevel Rundum-Sorglos-Paket eben: „Oregon war ein wichtiger Schritt, ein Glücksfall für mich. Das Training ist nicht nur intensiver, sondern auch schlauer strukturiert. Es geht den Trainern um jedes Detail. Ziel ist, wirklich alles zu verbessern. Und der Nike-Campus ist wirklich atemberaubend", sagte Klosterhalfen.

Experten halten Klosterhalfen, die früher auch Ballett getanzt und geturnt hat, die Querflöte und Klavier spielen kann sowie früher schon als Model und in ihrer Heimatgemeinde Bockeroth als Ministrantin gearbeitet hat, schon lange für das womöglich größte nicht in Afrika geborene Talent der Geschichte. „Sie läuft ganz leise, das ist auffällig, man dann mal schauen, was passiert", sagte die Leverkusenerin. Was dann im Olympiastadion passierte, war einigermaßen unglaublich.

In 14:26,76 Minuten lief Klosterhalfen nicht nur ihre Konkurrenz in Grund und Boden, sondern pulverisierte auch den 20 Jahre alten deutschen Rekord von Irina Mikitenko, war 15 Sekunden schneller. Klosterhalfen ist damit 13.-schnellste Läuferin der Geschichte, zweitschnellste gebürtige Europäerin. „Das ist auch für mich unbeschreiblich", sagte Klosterhalfen nach ihrem zweiten Rekordlauf binnen fünf Wochen. Am 30. Juni hatte sie im kalifornischen Stanford die von ihr selbst gehaltene deutsche 3000-Meter-

Ballett und Boxen
Vielseitigkeit ist ein Schlüssel zum Erfolg für Konstanze Klosterhalfen. Während sie früher viel Ballett getanzt hat, gehören zu ihrem Trainingsprogramm in den USA auch Einheiten, in denen geboxt wird

erreicht und war dem Misstrauen, das ihr entgegenschlug, offensiv-verständnisvoll entgegengetreten. Das NOP war schon vor der Salazar-Sperre umstritten, die US-Anti-Doping-Behörde USADA ermittelte seit langem gegen den ehemaligen Weltklasse-Marathonläufer. Klosterhalfen, die selber unter Pete Julian trainiert, seit sie in den USA ist, reagierte darauf immer so: „Wer negativ darüber redet, soll sich vor Ort ein eigenes Bild machen." Sie verwies auf optimales und innovatives Training, beste Bedingungen für die Athleten, ein hört ihre Schritte nicht auf der Bahn, es ist, als ob sie schwebte", sagte ihr Trainer Julian dem *Spiegel*.

Mit ihrer Art zu laufen begeisterte Konstanze Klosterhalfen gut zwei Monate vor der WM auch die Zuschauer bei den Deutschen Meisterschaften im Berliner Olympiastadion. Ihr gelang dort ein Fabel-Auftritt über 5000 Meter, mit dem sie in Bereiche vordrang, die einer deutschen Läuferin lange nicht zugetraut worden waren. „Ich wollte einfach schnell laufen, alles geben und Bestmarke um knapp zehn Sekunden unterboten, damals inmitten eines Weltklassefeldes. In Berlin lief sie von Beginn an im Alleingang. Es war einer ihrer seltenen Auftritte in Deutschland. Im WM-Jahr 2019 suchte sie meistens Rennen mit der stärksten internationalen Konkurrenz und hat sich dem deutschen Publikum genau zweimal präsentiert: Außer bei den Deutschen Meisterschaften in Berlin trat sie nur noch bei den Hallen-Titelkämpfen im Winter in Leipzig an. Aber auch da hatte sie das Publikum schon

LEICHTATHLETIK 2019 Die Stars der Saison

19 Rennen, 6 deutsche Rekorde

Konstanze Klosterhalfen hat 2019 insgesamt 19 Rennen bestritten und dabei sechs deutsche Rekorde erzielt. Bei den Deutschen Hallenmeisterschaften in Leipzig verbesserte sie ihre eigene Bestmarke über 3000 Meter auf 8:32,47 Minuten mit einem deutschen Rekord verzückt. In 8:32,47 Minuten unterbot sie ihre eigene, ein Jahr zuvor aufgestellte Bestmarke um gut drei Sekunden.

Im Sommer machte sie sich dann auch nach dem kurzen Rekordtrip nach Berlin – am Mittwochabend war sie aus den USA eingeflogen – am Sonntag schon wieder auf den Rückweg in Richtung Höhentrainingslager im US-Bundesstaat Utah. Obwohl damals Alberto Salazar noch nicht gesperrt war, musste Konstanze Klosterhalfen angesichts der Untersuchungen zum Nike Oregon Project schon da Zweifeln an ihrer Integrität entgegentreten.

Dabei sprang ihr Bundestrainer Sebastian Weiß zur Seite: „Wie ich Konstanze kenne, kann ich die Hand für sie ins Feuer legen, aber ich stehe jetzt natürlich nicht mehr täglich neben ihr", sagte der Coach, der jahrelang für ihr Training verantwortlich war. „Ich kenne Konstanze sehr gut und weiß, was sie kann", sagte Weiß, „wir konnten im Frühjahr 2018 im Höhentraining in Flagstaff sehr gut trainieren, da hätte ich ihr auch schon eine Zeit um die 14:30 Minuten zugetraut. Die Leistung in Berlin überrascht mich also nicht so sehr."

Sie sei eine mündige Athletin, so Weiß weiter, „sie ist den Schritt gegangen und wusste, dass diese Kritik auf sie zukommen wird. Konstanze ist weiterhin im Anti-Doping-Pool, wird regelmäßig kontrolliert und auch bei Rekorden, wie jetzt in Berlin, muss sie direkt eine Dopingkontrolle absolvieren."

Nachdem Salazar in Doha gesperrt worden war, wiederholte der DLV dieses Bekenntnis zu seiner Vorzeigeläuferin noch einmal: „Konstanze hat sich schon im Vorfeld der WM in Doha mehrfach zu kritischen Fragen positioniert und dabei verdeutlicht, dass sie dem deutschen und internationalen Anti-Doping-Kontroll-System unterliegt. Trotz intensiver Kontrollen gab es bei ihr keine Beanstandungen und sie lehnt jede unerlaubte Methode ab", teilte der DLV mit.

Zwei, die Geschichte schrieben

Sifan Hassan holte in Doha als erste Läuferin in der WM-Geschichte Gold über 1500 und 10.000 Meter. Konstanze Klosterhalfen gewann als erste deutsche Läuferin eine Medaille über 5000 Meter. Beide trainierten im Nike Oregon Project, das nach der Dopingsperre gegen Chefcoach Alberto Salazar aufgelöst wurde

So endete Nikes Oregon-Projekt

Die Nachricht schlug bei der WM in Doha wie ein Blitz ein: Am Morgen des fünften WM-Tages wurde bekannt, dass der umstrittene Trainer Alberto Salazar von der US-Anti-Doping-Behörde USADA wegen Dopingverstößen für vier Jahre gesperrt worden war. Der 61 Jahre alte US-Amerikaner war Chefcoach des Nike Oregon Projects (NOP), dem auch Konstanze Klosterhalfen angehörte. Auf Drängen des US-Leichtathletikverbandes USATF entzog der Leichtathletik-Weltverband IAAF Salazar die Akkreditierung für die WM.

„Ich bin schockiert über dieses Ergebnis. Das Oregon Project hat niemals Doping geduldet und wird es niemals dulden. Ich werde Einspruch einlegen und nach vorne blicken", sagte Salazar. „Während dieser sechsjährigen Untersuchung haben meine Athleten und ich eine ungerechte, unethische sowie äußerst schädigende Behandlung durch die USADA erfahren. Dies belegt schon die von Travis Tygart (USADA-Chef, d. Red.) veröffentlichte irreführende Aussage, dass wir das Gewinnen über die Gesundheit der Athleten stellen. Das ist völlig falsch."

Zu Salazars bekanntesten Schützlingen gehören der viermalige britische Olympiasieger Mo Farah und der zweimalige Olympia-Medaillengewinner Galen Rupp (USA). Die Sperre des gebürtigen Kubaners ist das Ergebnis langjähriger Untersuchungen. Ebenso für vier Jahre wurde der Endokrinologe Jeffrey Brown, der zahlreiche Athleten Salazars behandelt hatte, aus dem Verkehr gezogen.

Die USADA lobte bei der Verkündung der Sperre die Mitarbeit von Sportlern. „Sie hatten die Courage, auszupacken und letztendlich die Wahrheit zu enthüllen", sagte USADA-Chef Tygart. Salazar und Brown hätten bei ihrer Arbeit für das Nike Oregon Project gezeigt, „dass Gewinnen wichtiger war als die Gesundheit

Die Sperre gegen Chefcoach Alberto Salazar war der Anfang vom Ende des NOP

und das Wohlbefinden der Sportler, die sie geschworen haben zu beschützen."

2017 hatte die russische Hacker-Organisation Fancy Bears verschiedenen Medien einen USADA-Untersuchungsbericht über das Nike Oregon Project zugespielt. Neben Farah und Rupp gehörte unter anderem auch 1500-Meter-Olympiasieger Matthew Centrowitz (USA) dazu. Salazar wird in dem Bericht beschuldigt, auf gefährliche Weise die Leistung seiner Athleten gesteigert zu haben. Demnach sei es „nahezu sicher", dass der frühere Marathon-Star gegen Anti-Doping-Bestimmungen verstoßen habe.

Sowohl Farah als auch Salazar hatten jegliche Vorwürfe zurückgewiesen. „Ich bin ein sauberer Athlet, habe niemals die Regeln gebrochen", hatte Farah in einer Stellungnahme mitgeteilt. Der Brite trainiert seit 2017 nicht mehr bei Salazar, dafür aber Sifan Hassan, die bei der WM in Doha als erste Läuferin der Geschichte das Double über 1500 und 10.000 Meter holte. „Ich bin geschockt. Ich möchte aber darauf hinweisen, dass sich die Untersuchungen auf einen Zeitraum beziehen, als ich noch nicht beim Nike Oregon Project war", sagte die Niederländerin, die sich im WM-Finale über 1500 Meter mit dem Europarekord von 3:51,95 Minuten und einem Start-Ziel-Sieg gegen die chancenlose Konkurrenz durchsetzte. Hassan pulverisierte die 39 Jahre alte europäische Bestmarke der Sowjet-Läuferinnen Tatjana Kasankina (3:52,47) und blieb nur 1,40 Sekunden über dem Weltrekord der Äthiopierin Genzebe Dibaba.

Zehn Tage nach der Dopingsperre gegen Gründungsvater Alberto Salazar löste dann Nike das ins Zwielicht geratene Projekt auf. Der Druck nach der vierjährigen Dopingsperre gegen den bisherigen Cheftrainer Alberto Salazar sowie Berichten über dubiose Praktiken wurde zu groß „Die Situation und die unbegründeten Behauptungen lenken viele Athleten ab und beeinträchtigen sie dabei, sich auf ihre Trainings- und Wettkampfbedürfnisse zu konzentrieren", begründete Nike-Geschäftsführer Mark Parker den schwerwiegenden Beschluss: „Ich habe daher die Entscheidung getroffen, das Oregon Project zu beenden." DLV-Präsident Jürgen Kessing betonte, dass er das Ende des Projekts als „eine folgerichtige Entscheidung im Sinne der Athleten und des Sports" wahrnimmt.

LEICHTATHLETIK 2019 Die Stars der Saison

Ein Wurf in die Historie

Niklas Kaul: Mit einem sensationellen Wurf auf 79,05 Meter legte der 21 Jahre alte Mainzer die Grundlage dafür, dass er eine Disziplin später als jüngster Zehnkampf-Weltmeister Leichtathletik-Geschichte schreiben konnte. Deutschland hatte wieder einen globalen Champion – gut drei Dekaden nach den WM- und Olympia-Triumphen der ehemaligen DDR-Athleten Torsten Voss (1987 in Rom) und Christian Schenk (1988 in Seoul).

Erst nach fast 80 Metern ...

... ging der von Niklas Kaul im zweiten Versuch abgefeuerte Speer nieder. Mit 79,05 Metern flog sein Speer weiter als je zuvor. Damit legte er den Grundstein fürs WM-Gold. Auch im abschließenden 1500-Meter-Lauf war er schneller als die gesamte Konkurrenz

LEICHTATHLETIK 2019 Die Stars der Saison

Mittendrin in der Weltklasse: Niklas Kaul siegte am Ende vor dem Esten Maicel Uibo (8604 Punkte) und dem Kanadier Damian Warner (8529 Punkte)

Profi durch und durch: Auch seinen ersten Auftritt im ZDF-Sportstudio bei Katrin Müller-Hohenstein meisterte der frischgebackene Weltmeister souverän und sympathisch

Familienmensch: Mutter Stefanie und Vater Michael sind Trainer, Eltern und Fans ihres Sohnes Niklas. Auch seine jüngere Schwester Emma war in Doha dabei

„Dieser Junge hat sich auf ganz spektakuläre Art und Weise den Weltmeister-Titel geholt, wie dieser Kaul gekämpft hat, ist schon großartig." Dieses Kompliment kam von einem ganz Großen der Szene: Dan O'Brien (USA), dreimaliger Weltmeister im Zehnkampf, war von dem jungen Deutschen beeindruckt. Beeindruckt von der Aufholjagd des 21-Jährigen, der sich am Ende in Doha die Zehnkampf-Krone aufgesetzt hatte.

Vom 20. Platz nach der ersten Disziplin pflügte Kaul nach vorne, vor den 1500 Metern war er nach einem sensationellen Speerwurf auf 79,05 Meter (nur der deutsche Speerwerfer Peter Blank warf 1990 im Rahmen eines Zehnkampfes mit 79,80 Meter den Speer weiter als Kaul) dann Dritter, Gold geriet plötzlich in Reichweite – und der von seinen Eltern in die Weltspitze geführte Student sagte zu sich: „Diese Chance bekommst du vielleicht nie wieder in deinem Leben. Deshalb musst du sie genau jetzt nutzen, egal, ob sie dich hinterher aus dem Stadion tragen müssen." Niklas Kaul ging aufrecht hinaus, mit Tränen in den Augen.

8691 Punkte, WM-Gold, 60.000 Dollar Prämie, Nummer fünf der ewigen deutschen Bestenliste, etwa 900 Nachrichten auf dem Handy, die Nationalhymne bei der Siegerehrung als emotionaler Höhepunkt. „Damit geht ein Kindheitstraum in Erfüllung", sagte Kaul, der als Nobody anreiste und Katar als Star verließ: „Was jetzt noch kommt, ist Bonus."

Busemann: „Mentalitätsmonster"

Frank Busemann erwartet, dass von Kaul noch so einiges kommt. „Wer mit 21 Jahren fast 8700 Punkte macht, der muss irgendwann 9000 machen", sagte der Olympiazweite von Atlanta. Und: „Wer das nicht auf dem Plan hat, der hört mit dem Sport auf." Kaul habe „riesige" Möglichkeiten, sei „abgezockt" und vor allem eine Art Mentalitätsmonster. „Der gewinnt mit dem Kopf", sagte Busemann.

Auf dem Weg zu den Olympischen Spielen 2020 in Tokio will Kaul jetzt „nichts groß anders machen, es funktioniert ja sehr gut", sagte das Supertalent, dem es „großen Spaß" macht, als Erbe von Jürgen Hingsen und Co. „die Geschichte weiter zu schreiben".

Sein Idol ist jedoch nicht etwa der bisher einzige deutsche Weltmeister Torsten Voss, der 1987 Gold für die DDR gewann,

Zu Tränen gerührt
Für Niklas Kaul ging ein „Kindheitstraum in Erfüllung". Als Junior hatte er schon alles gewonnen, aber sein erster Triumph bei den Erwachsenen war etwas ganz besonderes

sondern Olympiasieger Ashton Eaton. Den Ex-Weltrekordler hatte Kaul 2016 in den USA besucht und einige Tage mit ihm trainiert. „Er hat mir beigebracht, wie man entspannt bleibt und sich vor großen Meisterschaften nicht stressen lässt", sagte Kaul. Und Kaul war offenbar ein guter Schüler. „Er ist fantastisch", sagte Eaton, Kauls Zukunft werde „sehr aufregend. Er kann eine Ära prägen."

Nachholbedarf im Sprint

Dafür muss Kaul aber die wenigen Schwächen, die er noch hat, abstellen. Im Training gebe es noch „Reserven", sagte Kaul, gerade im Sprint und bei den Sprüngen habe er „noch Nachholbedarf", um es mit einem Kevin Mayer in Topform aufnehmen zu können. In Doha musste der Weltrekordler aus Frankreich wegen einer Achillessehnenverletzung während des Stabhochsprungs aufgeben. Doch Kaul hat Zeit, er ist ja erst 21 Jahre jung. Sein „ganz großes Ziel" sind die Olympischen Spiele in Paris 2024 und in Los Angeles 2028.

Nach dem Gold-Coup setzten die drei deutschen Zehnkämpfer, neben Niklas Kaul (USC Mainz) auch Tim Nowak (SSV Ulm 1846; Platz zehn) und Kai Kazmirek (LG Rhein-Wied; Platz 17), eine Abmachung um: Sie wollten den Sonnenaufgang nach den beiden intensiven Wettkampf-Tagen nicht im Bett erleben. „Bis 3:15 Uhr war es noch dunkel, und binnen fünf Minuten komplett Tag", schildert Tim Nowak den Morgen danach. „Weltmeister wird man nicht allein", verdeutlicht Niklas Kaul die Philosophie der Zehnkämpfer, „da stecken ganz viele Leute dahinter, ein großes Team".

Erfolgreiche Familiengeschichte

Hinter Niklas Kaul stehen seine Eltern, die selbst Erfahrungen als Leichtathleten bei Welt- und Europameisterschaften gesammelt haben und diese in die junge Karriere von Niklas Kaul fließen lassen. „Sie kennen und unterstützen mich, und hauen mir auf die Finger, wenn ich das Studium schleifen lasse", ist er ganz offen. Ohne seine Eltern wäre eine Leistungssportkarriere nicht denkbar, und weil Stefanie und Michael Kaul gleichzeitig die Heimtrainer sind, ist die Goldmedaille von Doha eine echte „Familiengeschichte". Der bereits in den Jugend-Klassen überaus erfolgreiche Niklas Kaul schätzt die familiäre Situation in seinem Verein, dem

LEICHTATHLETIK 2019 Die Stars der Saison

USC Mainz, sehr. Und dieser hat mit Guido Kratschmer bereits einen anderen großen Zehnkämpfer und Weltrekordler hervorgebracht, der ein großes Lob zum WM-Triumph aussprach. „Das war schon überwältigend, was Niklas da geschafft hat." Diese Leistung hätte ich ihm noch nicht zugetraut", so Kratschmer. Platz drei habe er aber für möglich gehalten.

Die Bedingungen in Mainz sind ideal: Auf einem Campus, wie man es auch von den Unis in den USA kennt, liegen Trainingsplatz und Uni direkt zusammen. „Nur so ist die duale Karriere möglich", beschreibt Kaul seine Bedingungen für ein paralleles Lehramtsstudium in Physik und Sport.

Schaut man auf die drei deutschen Zehnkämpfer von Doha, so wird klar, dass hinter den Erfolgen eine intensive Nachwuchssichtung und Förderung steht. Sie alle haben bereits im Jugend- und Juniorenalter internationale Erfolge erzielt: Niklas Kaul ist U23- und U20-Europameister (mit U20-Weltrekord) sowie U18-Weltmeister, Tim Nowak gewann Bronze bei der U20-WM und U20-EM, Kai Kazmirek war U23-Europameister und Dritter der U20-EM.

„Funktionierendes System"

„Das zeigt schon, dass wir ein gut funktionierendes System haben und dass auch die Qualität im Trainerbereich sehr hoch ist", betont Bundestrainer Christopher Hallmann, der eine starke Trainingsgruppe am Bundesstützpunkt in Ulm leitet. „Natürlich bin ich als Bundestrainer auch ein wenig stolz auf das, was hier in Doha passiert ist", gesteht der 36 Jahre alte gebürtige Essener.

Und wie geht Niklas Kaul mit seinem sensationellen Sieg und den Folgen um? „Auf dem Heimflug muss ich anfangen, das alles zu verarbeiten", sagte er über die Rückreise nach Deutschland. Zwischen 800 und 900 Nachrichten und Mails sind auf dem Handy aufgelaufen, da wird's nicht langweilig. Auf dem Weg zu den Olympischen Spielen in Tokio will der Mainzer auf dem hohen Niveau weitertrainieren. „Der deutsche Zehnkampf hat eine lange Geschichte, diese möchte ich fortsetzen", hat er seine Möglichkeiten erkannt.

Dabei denkt er überhaupt nicht an die 9126 Punkte und den Weltrekord von Kevin Mayer. „Ich will das Hier und Jetzt genießen, der Zehnkampf ist nicht berechenbar", gibt er sich gelassen. Höhen und Tiefen gehören für ihn zum Sport. Niklas Kaul lebt mit seiner Freundin zusammen, einer Siebenkämpferin. Die Liebe zur Leichtathletik verbindet.

Nowak mit Rang zehn zufrieden

„Ich bin mit meinem zehnten Platz sehr zufrieden, hätte aber gerne noch mehr Punkte gemacht", lautete das persönliche Fazit von Tim Nowak. Für ihn war wichtig, dass seine angeschlagene Schulter hielt, mit der er in Doha seit Mai die ersten Würfe mit dem Speer machen konnte. „Niklas ist mit 21 Jahren schon Weltklasse", hatte er ein Kompliment für seinen Zimmergenossen parat. Nowak hat sein BWL-Studium abgeschlossen und ist seit September Sportsoldat in der Sportfördergruppe.

Natürlich haderte Kai Kazmirek, WM-Dritter von London 2017, mit seinem Zehnkampf. Er ist bei den 110 Meter Hürden, der ersten Disziplin am zweiten Tag, hängengeblieben und ausgeschieden. „Platz fünf bis sieben wäre möglich gewesen." Den Zehnkampf zog er dennoch bis zum Ende durch und erkämpfte sich mit 7.414 Punkten aus neun Disziplinen Platz 17. Vielleicht hat der nächste Sonnenaufgang in Tokio eine bessere Farbe für ihn.

Gemeinsam stark

Zehnkampf ist Teamsport. In kaum einer anderen Disziplin unterstützen sich die Konkurrenten so intensiv wie im Mehrkampf. Neben Weltmeister Kaul belegte Tim Nowak einen guten zehnten Platz. Medaillenanwärter Kai Kazmirek biss sich trotz des Ausfalls über 110 Meter Hürden bis zum Ende durch. Und unterstützte Kaul sogar noch bei den 1500 Metern

„Diese Chance bekommst du vielleicht nie wieder. Deshalb musst du sie genau jetzt nutzen."

Niklas Kaul

LEICHTATHLETIK 2019 Die Stars der Saison

VON DISZIPLIN ZU DISZIPLIN

Niklas Kauls Weg zum WM-Gold

100 Meter	Punkte	Platzierung
11,27 Sekunden	801	20.
Gesamtwertung	801	20.

Weitsprung	Punkte	Platzierung
7,19 Meter	859	16.
Gesamtwertung	1660	19.

Kugelstoßen	Punkte	Platzierung
15,10 Meter	796	11.
Gesamtwertung	2456	16.

Hochsprung	Punkte	Platzierung
2,02 m	822	9.
Gesamtwertung	3278	12.

400 Meter	Punkte	Platzierung
48,48 Sekunden	886	8.
Gesamtwertung	4164	11.

110 Meter Hürden	Punkte	Platzierung
14,64 Sekunden	894	14.
Gesamtwertung	5058	11.

Diskuswurf	Punkte	Platzierung
49,20 Meter	854	1.
Gesamtwertung	5912	9.

Stabhochsprung	Punkte	Platzierung
5,00 Meter	910	6.
Gesamtwertung	6822	6.

Speerwurf	Punkte	Platzierung
79,05 Meter	1028	1.
Gesamtwertung	7850	3.

1500 Meter	Punkte	Platzierung
4:15,70 Minuten	841	1.
Gesamtwertung	8691	1.

8691 Punkte! Jüngster Weltmeister aller Zeiten

LEICHTATHLETIK 2019 Die Stars der Saison

Cooler

Höllenritt

Gesa Krause: Deutschlands beste Hindernisläuferin hat ein fantastisches Jahr hingelegt: Sie steigerte den deutschen Rekord in Zürich zunächst auf 9:07,51 Minuten und verbesserte sich bei der WM noch einmal um über vier Sekunden (9:03,30 min). Das reichte nach einer mentalen und taktischen Meisterleistung für WM-Bronze.

LEICHTATHLETIK 2019 Die Stars der Saison

Gesa Felicitas Krause breitete im Ziel voller Freude die Arme aus, fiel der Zweitplatzierten Emma Coburn aus den USA um den Hals und legte sich dann völlig erschöpft auf die Bahn. Auf den letzten beiden Runden hatte die 27-Jährige vom Trierer Silvesterlauf-Verein im Finale über 3000 Meter Hindernis bei der Leichtathletik-WM in Doha Konkurrentin um Konkurrentin überholt und sich wie schon vier Jahre zuvor in Peking die Bronze-Medaille erlaufen. Obendrein verbesserte sie ihren eigenen, ein paar Wochen zuvor in Zürich aufgestellten deutschen Rekord – und zwar um mehr als vier Sekunden: Bei 9:30,30 Minuten steht die neue Bestmarke.

Dabei hatte man zwischendurch das Gefühl, dass das „Höllentempo" (O-Ton Krause), das die Kenianerin Beatrice Chepkoech von Beginn an anschlug, Deutschlands Hindernis-Ass überfordern könnte. Chepkoech rannte nach dem Startschuss sofort vorneweg und hatte schnell einen Vorsprung von über 30 Metern. Die Europameisterin musste dahinter um den Anschluss an die Verfolgergruppe kämpfen. Denn auch das Tempo dieser Gruppe war hoch – unter drei Minuten für den ersten Kilometer. Und nach 1000 Metern tat sich zwischen der Verfolgergruppe und der Deutschen eine kleine Lücke auf. Doch Krause blieb cool und lauerte klug auf ihre Chance. Und als die anderen anfingen zu schwächeln, legte die Deutsche zu. „Wenn ich merke, der Konkurrenz geht es schlechter als mir, dann spornt mich das an", sagte sie.

Eine Willensleistung

„Es war eine Willensleistung. Ich war auf dem ersten Kilometer unsicher, weil ich mich nicht so gut gefühlt habe. Und ich dachte im ersten Moment schon, das ist heute nicht mein Tag. Hinten raus wurde ich dann aber lockerer – manchmal muss man einen Schalter umlegen", sagte die 27-Jährige nach dem Rennen.

Und genau das tat sie: Krause behielt die Nerven, legte den Schalter um und konnte in den letzten beiden Runden im Gegensatz zu einigen Konkurrentinnen noch zulegen. Sich nicht verrückt machen lassen, im Rennen bleiben, auf den entscheidenden Moment warten und dann attackieren. Dieses 3000-Meter-Hindernis-Rennen war eine mentale und taktische Meisterleistung von Gesa Krause. Mit der Medaille vor Augen setzte sie am letzten Wassergraben die entscheidende Attacke: Als die bis dahin noch auf Platz drei liegende Winfred Mutile Yavi aus Bahrain für einen Moment die Innenbahn aufmachte, schlüpfte Krause durch die Lücke, nutzte ihre überragende Hindernistechnik, um sich einen kleinen Vorsprung zu verschaffen, setzte zum Endspurt an und ließ sich den dritten Platz nicht mehr nehmen. „Da gibt

„Ich bin eine Wettkämpferin."

Gesa Krause über ihre mentale Stärke in wichtigen Rennen es dann keine Schmerzen mehr." Neben Chepkoech musste sie nur noch der entthronten Titelverteidigerin Emma Coburn aus den USA (9:02,35 min) den Vortritt lassen. Mit ihrer Zeit ist Krause jetzt die zweitbeste Europäerin der Leichtathletik-Geschichte. „Ich habe davon geträumt, ich wollte es unbedingt. Es ist ein Traum in Erfüllung gegangen. Das macht mich stolz und erfüllt mich mit Glück", sagte Gesa Krause nach dem Rennen.

Gequält wie noch nie

In der Vorbereitung auf die WM hatte sie sich im Training gequält wie noch nie und sich seit Ende Oktober 2018 keinen freien Tag gegönnt. „Das ist für einen Außenstehenden vermutlich wirklich unvorstellbar", erklärte die Studentin der Wirtschaftspsychologie, die für ihren Traum von der Medaille weit weg von zu Hause in Höhentrainingslagern in Kenia, den USA, der Schweiz und unmittelbar vor Doha noch in Südafrika schuftete.

Alles für das ganz große Ziel: Ein Coup wie vor vier Jahren sollte her, als Krause in einem Bummelrennen in Peking die Konkurrenz düpierte. Und ebenfalls im Schlussspurt auf Rang drei stürmte. Doch seitdem hatte sich das Niveau in der Weltspitze noch einmal verbessert. „Es wird nicht einfach, aber dafür ist man ja bei einer WM", hatte sie

Fassungslos glücklich

Gesa Krause hatte vor der WM immer wieder betont, sie wolle ein Medaille gewinnen, aber auch klar gemacht, wie schwer das werden würde. Als sich ihr Traum erfüllte, konnte sie es kaum fassen – und als sie die Medaille endlich in der Hand hielt, hörte sie gar nicht mehr auf zu strahlen

Zwischendurch mal Weltrekord laufen

Unter dem tosendem Jubel der 40.500 Zuschauer flog Gesa Krause beim ISTAF in Berlin knapp einen Monat vor der WM mal eben zu einem Weltrekord auf der blauen Bahn. 2000 Meter Hindernis in 5:52,80 Minuten. „Ich bin richtig beflügelt und konnte gar nicht aufhören zu laufen. Das ist einfach nur unglaublich. Ich bin sprachlos", sagte sie nach dem Rennen. Und teilte die Freude im Berliner Olympiastadion anschließend mit ihrem langjährigen Coach Wolfgang Heinig nach ihrem Vorlauf geahnt, aber: „Ich bin eine Wettkämpferin."

Nach der WM machte sie erst einmal Pause. „Ich werde mir auf jeden Fall in den nächsten Tagen ein Glas Wein gönnen", sagte Gesa Krause, die 2019 nach eigener Aussage bis zur WM keinen Tropfen Alkohol getrunken hatte. Und anschließend ging es mit ihrem Freund Marc zur Belohnung nach Griechenland, um endlich einmal das zu genießen, „was andere Leute Leben nennen".

Und jetzt? Tokio natürlich

Doch lange hält es Krause ohne Training gar nicht aus, dann wird sie „unausstehlich". Die 27-Jährige hat kein Problem damit, dem Erfolg alles unterzuordnen. In Tokio bei den Olympischen Spielen nächstes Jahr will sie ihre Karriere nun endgültig veredeln. „Ich werde weiter dafür kämpfen, olympisches Edelmetall mit nach Hause zu bringen", sagte sie. „Das ist mein Traum. Dass das schwer wird, ist klar. Es war auch hier schwer. Auf dem Papier hat mir Bronze nicht gehört." Zuzutrauen ist Gesa Krause auch in Tokio einiges. Sie hat sich in den vergangenen Jahren kontinuierlich gesteigert, den deutschen Rekord über 3000 Meter Hindernis seit 2016 in mehreren Schritten um über 15 Sekunden von 9:18,41 auf 9:03,30 Minuten geschraubt. Wie ihr überglücklicher und angesichts der grandiosen Zeit auf der Tribüne in Doha um Fassung ringender Trainer Wolfgang Heinig den Fernsehzuschauern nach Krauses Zieleinlauf in einer ersten Analyse erklärte, ist diese Entwicklung das Ergebnis eines langen Prozesses: „Das kann man nicht beschreiben. Das ist nicht die Arbeit von einem Jahr, das ist die Arbeit der letzten zehn Jahre. Was sie heute gezeigt hat, zeigt uns, dass wir richtig arbeiten."

Und der 68 Jahre alte ehemalige Bundestrainer Lauf/Gehen hat mit seinem Schützling längst den Masterplan für die Vorbereitung auf die Olympischen Spiele in Tokio erstellt: Um dort wieder das Unmögliche möglich zu machen, ging Gesa Krauses Mammut-Programm gleich nach dem Urlaub weiter. Drei Wochen Höhentrainingslager in den USA bis Mitte November, dann drei Wochen Kenia bis in den Dezember hinein. Im Januar und Ende Februar soll es noch einmal nach Kenia gehen, im April nach Südafrika und im Sommer dann zum Feinschliff mehrere Wochen am Stück in die Schweiz. Achtung Tokio, Gesa Krause hat dich im Visier.

DIE DEUTSCHEN REKORDE VON GESA KRAUSE

30.09.2019	Doha	Weltmeisterschaften	9:03,30
29.08.2019	Zürich	Weltklasse Zürich	9:07,51
27.08.2017	Berlin	ISTAF	9:11,85
05.05.2017	Doha	Diamond League	9:15,70
15.08.2016	Rio de Janeiro	Olympische Spiele	9:18,41

„Unglaublich"

Hier schreibt Gesa Krause, wie sie selbst die letzten Wochen und Tage vor dem WM-Finale und das Rennen zum deutschen Rekord und zu ihrer zweiten WM-Bronzemedaille erlebt hat.

Ich schaue aus dem Fenster in Davos. Der Himmel ist grau, es regnet und das Thermometer zeigt fünf Grad. Die Lust aufs Training ist nicht besonders groß, aber die WM ist nur wenige Wochen entfernt, sodass ich mir, ohne weiter nachzudenken, meine Laufkleidung anziehe und zum Training aufbreche. Eine Stunde und 15 gelaufene Kilometer später steht meine Entscheidung fest. Die Bedingungen sind für meine WM-Vorbereitung absolut suboptimal. Nur wenige Tage später sitze ich im Flieger nach Potchefstroom in Südafrika.

Die Entscheidungsfindung war weder leicht, noch habe ich sie überstürzt gefällt. Gemeinsam mit meinem Trainer habe ich viele Stunden alle Szenarien durchgesprochen, bis wir den endgültigen Entschluss gefasst haben, die letzten zwei Wochen vor meinem Vorlauf in Doha unter der Sonne Südafrikas zu trainieren. In Potchefstroom bin ich ins Sportsvillage der North Western University eingezogen und habe die Entscheidung vom ersten Moment an nicht bereut. Dort habe ich die nötige Ruhe gefunden, um mich auf mich und mein Training zu konzentrieren und noch einmal an meiner Form zu feilen. Neben der Betreuung durch meinem Trainer konnte ich viele Dauerläufe mit dem britischen Team absolvieren und hatte durch das Team der DLV-Geher immer gute Gesellschaft sowie eine optimale physiotherapeutische Betreuung. Meine Vorfreude auf die WM wuchs von Tag zu Tag ins Unermessliche. Einen Tag vor dem Vorlauf bin ich in Doha eingetroffen, der Finaleinzug gelang ohne größere Probleme. Doch die schwierigste Zeit stand erst bevor. Zwei Tage Pause zwischen Vorlauf und Finale boten zwar jede Menge Zeit für Regeneration, sie bedeuteten aber gleichzeitig eine große Zeitspanne für Aufregung und das Aufrechterhalten der Spannung und Konzentration. Relativ gefangen im Hotel und der angrenzenden Mall habe ich zwei Tage kein Tageslicht gesehen und wurde ständig mit dem bevorstehenden Großereignis konfrontiert. Neben den ersten Erfolgen anderer Athleten wird man auch in großem Umfang auf Misserfolge aufmerksam. Auch das bringt einen ins Grübeln. Meine Erwartungshaltung an mich selbst war enorm hoch. Gepaart mit der Ungewissheit, die jeder Wettkampf mit sich bringt, führte das dazu, dass ich aufgeregter denn je war.

Mir war klar: Dies wird das schnellste und schwierigste WM-Finale über 3000 Meter Hindernis, das es bis dato gegeben hat. Ich muss alles geben. Und: Ich kann nur gewinnen, denn ich hatte alles getan, was in meiner Macht stand, um bei dieser WM zu überzeugen. 90 Minuten vor dem Start begann ich mit meinem Warm-up. Ich war in meinem Element. Die Welt um mich herum verschwand aus meinen Gedanken. Der Beginn des Rennens war schnell. Ich fühlte mich von dem Höllentempo überrumpelt. Es hat eine Weile gedauert, bis ich meinen Rhythmus fand. Mein Mantra: Dran bleiben und den Anschluss halten. Das Rennen hat 3000 Meter. Eingangs der letzten Runde wusste ich: Hier ist etwas möglich. Das ist auch das Letzte, an das ich mich erinnern kann. Die restliche Energie habe ich in meinen Endspurt gelegt. Und dann: Bronze in deutschem Rekord von 9:03,30 Minuten. Unglaublich.

© imago images/Chai von der Laage

Deutscher Rekord in Zürich
Gesa Krause zeigte schon im Vorfeld der WM, dass sie in blendender Form ist: Bei „Weltklasse Zürich" verbesserte sie den deutschen Rekord um über vier Sekunden auf 9:07,51 Minuten

LEICHTATHLETIK 2019 Die Stars der Saison

Ganz starke Mama

Christina Schwanitz schnappte sich freudestrahlend die schwarz-rot-goldene Fahne und posierte mit feuchten Augen für die Fotografen: Deutschlands stärkste Mama schlug erstmals nach ihrer Babypause bei einer WM zu und bescherte dem DLV-Team mit Bronze im Kugelstoßen die zweite Medaille in Doha. Die 33 Jahre alte Zwillingsmutter genoss das pure Glück nach ihrer Rückkehr in die Weltspitze in vollen Zügen.

Als die Mama im fernen Katar ihr Gefühlschaos ordnete, waren die Zwillinge längst im Schlummerland unterwegs. „Die Krümel sind schon lange, lange im Bett. Die dürfen auch noch kein Fernsehen gucken. Noch sind sie viel zu klein, um zu verstehen, was ich hier mache", sagte Christina Schwanitz. Was sie da in Doha aber mit ihrem WM-Bronze im Kugelstoßen zwei Jahre nach der Geburt ihrer Kinder geleistet hatte, das wird sie ihnen irgendwann einmal voller Stolz erzählen dürfen.

Selbst in der Hitze von Katar stieß Schwanitz mit einem langarmigen Trikot, nachdem ihr im klimatisierten Stadion während der Qualifikation am Vortag kalt gewesen war. „Ich bin eben eine Frostbeule", sagte sie, lief dann aber im Wettkampf heiß

„Mir ist ein Megastein vom Herzen gefallen, eine riesengroße Zufriedenheit macht sich breit", sagte Schwanitz, nachdem sie in einem Krimi mit 19,17 Metern Platz drei hinter der chinesischen Titelverteidigerin Gong Lijiao (19,55 m) und der Jamaikanerin Danniel Thomas-Dodd (19,47 m) behauptet hatte.

Schwanitz schob sich im zweiten Versuch einer spannenden Konkurrenz mit 18,87 Metern auf den Bronzerang vor, verlor ihn in Runde vier und holte ihn mit dem vorletzten, ihrem weitesten Stoß zurück. Während sich Gong und Thomas-Dodd ein Duell um den Titel lieferten, bissen sich die restlichen Konkurrentinnen an Schwanitz' Marke die Zähne aus. „Ich bin überglücklich. Jetzt hat sie den kompletten Medaillensatz. Nach der Saison ist das aller Ehren wert", sagte ihr Trainer Sven Lang: „Sie hat gezeigt, dass sie wieder da ist. Sie ist eine Powerfrau, sie macht einen Superjob."

Für die 33-Jährige selbst war Bronze „mein kleines Gold, das ich mir so hart erarbeitet habe", und ihre zehnte Medaille bei einem internationalen Großereignis die wohl schönste. „Zwischen-

Die starken Frauen von Doha
Christina Schwanitz gewann bei den Weltmeisterschaften in einem Kugelstoß-Krimi mit 19,17 Metern Bronze hinter der chinesischen Titelverteidigerin Gong Lijiao (19,55 m) und der Jamaikanerin Danniel Thomas-Dodd (19,47 m)

„Das ist mein kleines Gold, das ich mir so hart erarbeitet habe."

Christina Schwanitz über die Bedeutung ihrer in Doha gewonnenen Bronzemedaille

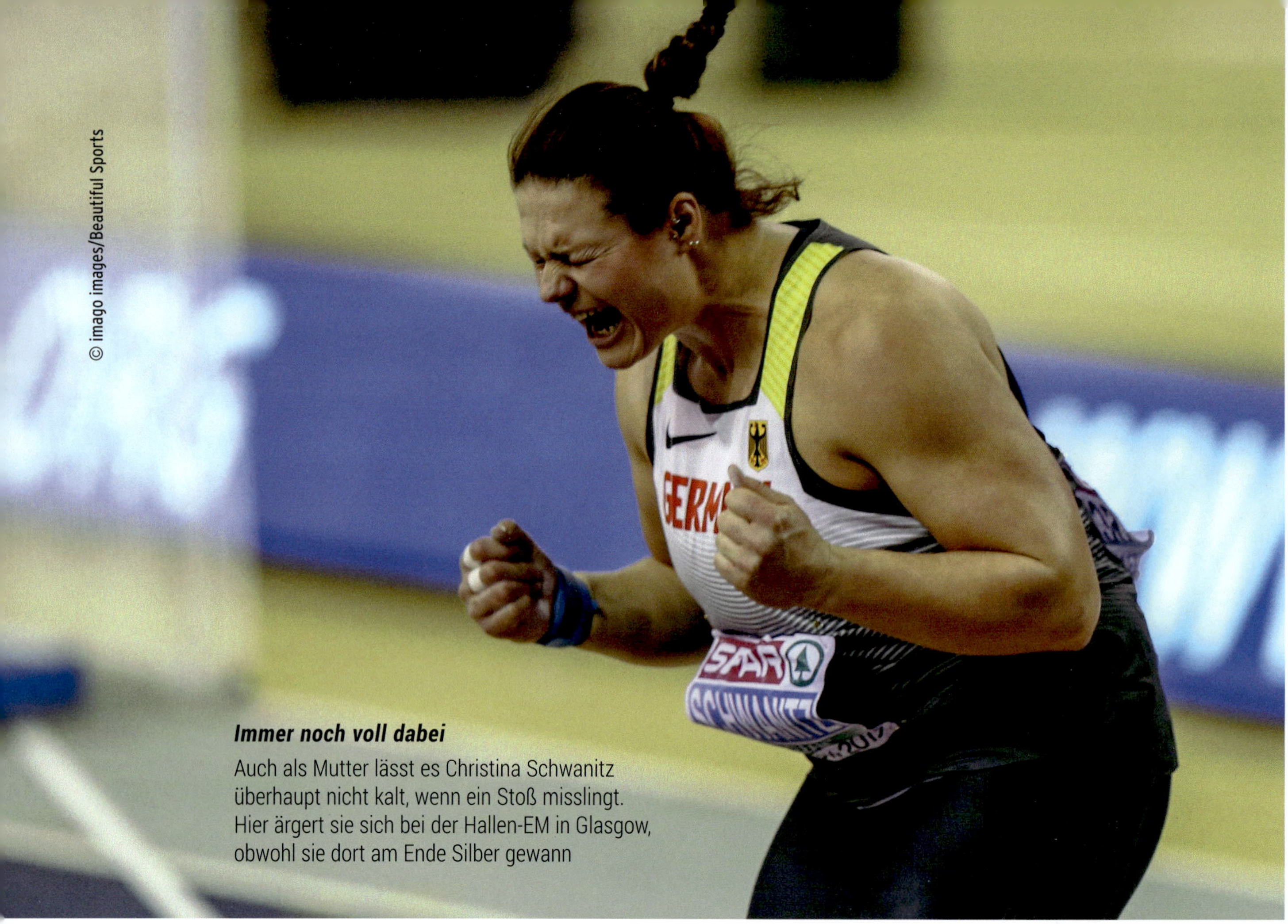

© imago images/Beautiful Sports

Immer noch voll dabei

Auch als Mutter lässt es Christina Schwanitz überhaupt nicht kalt, wenn ein Stoß misslingt. Hier ärgert sie sich bei der Hallen-EM in Glasgow, obwohl sie dort am Ende Silber gewann

Ein starkes Team

Trainer Sven Lang ist der Mann hinter den Leistungen von Christina Schwanitz. In Doha freute er sich über die Medaille fast genauso wie die Athletin und lobte sie überschwänglich: „Sie ist eine Powerfrau, sie macht einen Superjob"

© imago images/Beautiful Sports

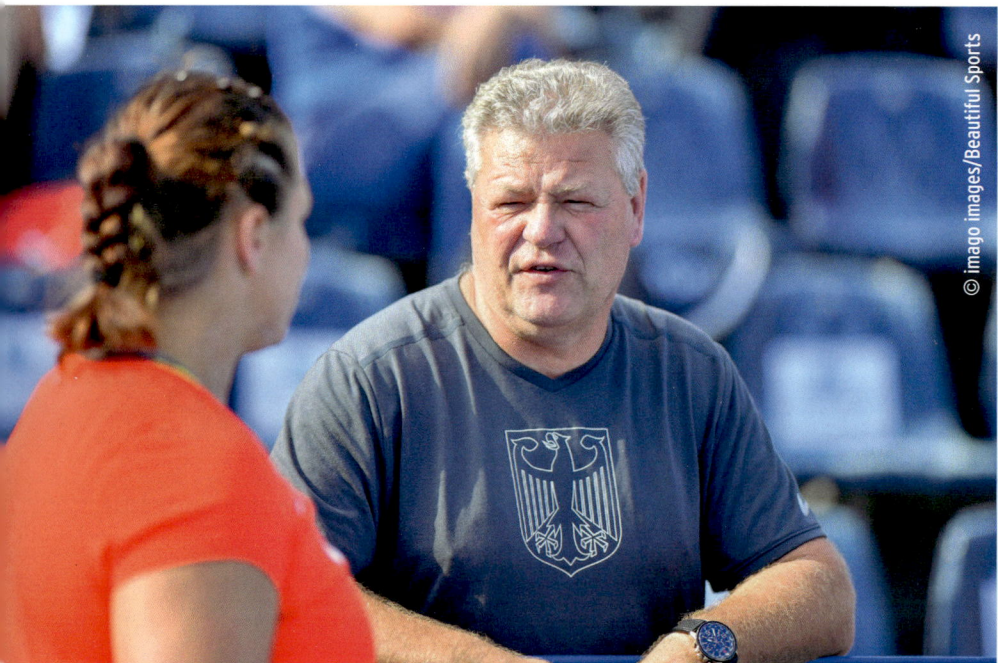

durch war ich emotional mal über dem Stadion", sagte Schwanitz, die vier Jahre nach ihrem Weltmeister-Titel auf das Podest zurückkehrte und nach Gold 2015 in Peking sowie Silber 2013 in Moskau ihre Sammlung komplettierte: „Ich bin unheimlich glücklich, stolz, zufrieden, in mir ruhend, zu Tränen gerührt – alles zugleich."

Muttertage in Doha

Schwanitz setzte die „Muttertage" von Doha fort. Zuvor hatten die Jamaikanerin Shelly-Ann Fraser-Pryce (100 m) und Allyson Felix aus den USA (4x400 m Mixed), die ebenfalls nach Babypausen zurückgekehrt waren, bereits vielbeachtete Triumphe gefeiert. „Ich wusste, dass hier schon zwei Muttis Goldmedaillen rausgeholt haben", sagte Schwanitz, die diese zum Vorbild machte und auch 14 Jahre nach ihrem WM-Debüt als Teenager in Helsinki auf ganz großer Bühne glänzte.

Im Sommer 2017 waren sie und ihr Mann Tomas Eltern von Zwillingen geworden, die beiden „Krümel", wie Schwanitz ihren Nachwuchs nennt, halten sie seitdem mächtig auf Trab. Im Vorjahr feierte Schwanitz ein starkes Comeback. Zwar kam sie an ihre besten Weiten und ihren Hausrekord von 20,77 Metern, den sie 2015 vor ihrem WM-Triumph in Peking bei einem Meeting an gleicher Stelle erzielt hatte, nicht mehr heran, ist aber in Deutschland weiterhin unangefochten die Nummer eins. Bei der EM 2018 in Berlin holte sie Silber.

Schwanitz wollte mit ihrem Auftritt unterstreichen, dass man auch als Mutter alles erreichen kann. „Sonst wäre ich ja nicht hier", sagte sie. „Natürlich ist es viel, viel schwerer. Man muss sich sehr organisieren und seinen Tag strukturieren." Sie trete in Doha nicht nur für sich an: „Daran sollen sich auch viele andere Mütter ein Beispiel nehmen, die sagen, weil ich ein Kind habe, kann ich nicht arbeiten, eine Führungsposition übernehmen. Das ist Blödsinn."

Krönender Abschluss

Bei einem gepflegten 14-Euro-Bierchen in der Bar des deutschen Teamhotels gemeinsam mit den Zehnkämpfern um den neuen Weltmeister Niklas Kaul ließ Schwanitz weit nach Mitternacht das harte, lange, verrückte 2019 noch einmal Revue passieren. „Dieses Jahr war so schwer, mit Kindern, mit Studium, mit Leistungssport, ich bin auch keine 18 mehr", sagte sie: „Es ist einfach ein unglaubliches Jahr mit einem krönenden Abschluss."

Nach der Geburt der Zwillinge im Sommer 2017 hatte sich Schwanitz im reifen Sportleralter neu erfinden müssen, „Vorher habe ich nur Sport gemacht, mich das ganze Jahr darauf konzentriert. Jetzt sind die Herausforderungen viel größer", sagte sie. Umso größer war die Freude darüber, in Doha ein weiteres großes Ziel erreicht zu haben: „Ich habe ja auch deshalb wieder angefangen, um zu zeigen, dass man auch mit Kindern in der Weltspitze sein kann." Weltspitze – das war ihr wichtig: „Ich wollte nicht nur Muttisport machen."

Olympia-Jahr wird einfacher

In der Weltklasse will sie noch ein wenig bleiben, die Olympia-Saison mit den Sommerspielen in Tokio ist eingeplant. „Das nächste Jahr wird viel einfacher für mich, da die Zwillinge dann länger im Kindergarten sind. Da kann ich noch härter trainieren", sagte Schwanitz: „Der Sport macht mir immer noch Spaß, das fetzt immer noch. Es ist nach meinen Kindern und meinem Mann das Zweitwichtigste."

Nach dem großen WM-Stress sehnt sich Schwanitz auch nach ein wenig Zeit für sich, Zeit, um sich etwas Liebgewonnenem, das hinter Kindern, Mann, Sport und Studium auf einen Abstiegsplatz zurückgefallen ist, zu widmen. „Mein Garten ist mein Ausgleich", sagte sie: „Aber meine Pflanzen sind alle etwas knusprig, weil ich nicht zum Gießen komme."

Ein Tag, an dem man nicht lacht, ist ein verlorener Tag

Das ist das Motto von Christina Schwanitz. Es umzusetzen fällt besonders leicht, wenn man gerade das Kugelstoßen bei der Team-EM in Bydgoszcz gewonnen, als Teamkapitän zwölf Punkte für Deutschland geholt hat und mit so einem Maskottchen posieren darf

CHRISTINA SCHWANITZ: ALLE ZEHN MEDAILLEN

🟢	Weltmeisterschaften 2015	Peking	20,37 m
🟢	Europameisterschaften 2014	Zürich	19,90 m
🟢	Europameisterschaften 2016	Amsterdam	20,17 m
🟢	Hallen-Europameisterschaften 2013	Göteborg	19,25 m
⚫	Weltmeisterschaften 2013	Moskau	20,41 m
⚫	Hallen-Weltmeisterschaften 2014	Sopot	19,94 m
⚫	Europameisterschaften 2018	Berlin	19,19 m
⚫	Hallen-Europameisterschaften 2011	Paris	18,65 m
⚫	Hallen-Europameisterschaften 2019	Glasgow	19,11 m
🟤	Weltmeisterschaften 2019	Doha	19,17 m

LEICHTATHLETIK 2019 WM-Highlights

# Stars & Storys

WM-Helden: Ein epischer Kugelstoß-Dreikampf, die schnellste 400-Meter-Zeit einer Frau seit über 30 Jahren, ein Vierfach-Weltmeister, den nur eingefleischte Fans kennen, und die erfolgreichste WM-Starterin aller Zeiten. Die WM in Doha bot neben dem Weltrekord von US-Hürdenläuferin Dalilah Muhammad aus internationaler Sicht viele hochklassige Leistungen.

Epischer Dreikampf im Kugelstoßring

Der US-Amerikaner Joe Kovacs gewann in einem sensationellen Wettkampf Kugelstoß-Gold. Der Olympiazweite stieß im letzten Versuch 22,91 Meter und setzte sich damit vor Olympiasieger Ryan Crouser (USA) sowie dem neuseeländischen Titelverteidiger Tomas Walsh durch – beide stießen 22,90 Meter weit.

Bis zum finalen Durchgang lag Kovacs nur auf dem undankbaren vierten Rang. Walsh hatte seine 22,90 Meter schon im ersten Versuch erzielt, Crouser steigerte sich bis zum finalen Durchgang über 22,36 Meter auf 22,71 Meter. Und auch der Brasilianer Darlan Romani hatte schon in Runde zwei einen Südamerika-Rekord mit 22,53 Meter aufgestellt. Der 30 Jahre alte Kovacs stieß wahrlich nicht schlecht, kämpfte sich in Runde vier (21,95 m) und fünf (21,94 m) nah an die 22 Meter heran.

Doch was dann im sechsten Durchgang passierte, hat es in der Geschichte des Kugelstoßens noch nicht gegeben. Kovacs explodierte förmlich im Ring und wuchtete das 7,26-Kilo-Gerät auf 22,91 Meter. Aber war das die Goldmedaille? Ryan Crouser setzte alles auf eine Karte. Seine Kugel flog ebenfalls nah an die 23-Meter-Marke heran. Wahnsinn! Der Stoß wurde mit 22,90 Meter gemessen, womit er Walsh auf den Bronzerang verdrängte. Doch der Neuseeländer wollte noch einmal kontern. Auch seine Kugel flog sehr weit, er konnte sich aber nicht im Ring halten. Ungültig. Was für ein episches Finale. Nur Weltrekordler Randy Barnes (23,12 m und 23,10 m) und Ulf Timmermann (23,06 m) stießen jemals weiter. Der Italiener Allessandro Andrei kam vor 32 Jahren ebenfalls auf 22,91 Meter.

LEICHTATHLETIK 2019 WM-Highlights

Coleman oder Lyles: Wer tritt die Nachfolge von Usain Bolt an?

Das Stadion lag in kompletter Dunkelheit, nur ein Lichtstrahl und alle Augen waren auf Noah Lyles gerichtet. Der Sprint-Shootingstar brüllte lauthals los. „Seht her", sollte das wohl heißen, „das ist meine große Bühne." Die Show im 200-Meter-Finale fiel dann nicht so spektakulär wie erwartet aus. US-Jungspund Lyles lief in 19,83 Sekunden zu Gold. Eine tolle Zeit. Aber das Erbe des Usain Bolt wiegt eben schwer. Lyles, der junge Mann aus Florida, gilt trotzdem als Versprechen für die Zukunft der Leichtathletik. Doch mit dem Vergleich kann Lyles, der im Gegensatz zum verbissenen 100-Meter-Weltmeister Christian Coleman auch gerne mal Faxen macht, gar nichts anfangen. „Sagt nicht, dass ich der neue Usain Bolt bin. Ich bin ich", so Lyles, erst 22 Jahre alt.

Zusammen mit seinem Landsmann Coleman gilt er als Favorit auf Bolts Thronfolge. Und das Rangeln, wer denn nun das neue Gesicht des Sprints wird, könnte in den nächsten Monaten auf dem Weg zu den Olympischen Spielen durchaus zum „Zickenkrieg" werden. Denn Lyles und Coleman sind sich in inniger Abneigung verbunden. Die Beziehung sei „nicht gut. Es ist einfach so, wie es ist", sagte Lyles zuletzt: „Er hat mich einfach nie gemocht." Sie sind auch zwei völlig unterschiedliche Typen. Während Lyles als Sonnyboy gilt und mit einem Dauergrinsen durch die Welt läuft, kommt Coleman meist als grimmiger Pitbull daher.

Dass Coleman – nur fünf Menschen waren über 100 Meter jemals schneller als er mit seinen in Doha erzielten 9,76 Sekunden – derzeit zudem skeptisch beäugt wird, hat er sich durch seine „Dopingtest-Affäre" (drei verpasste Trainingskontrollen) selbst zuzuschreiben. „Geschockt", sei er gewesen, als er davon erfahren habe, sagte Lyles genüsslich. Der wird wiederum bei Twitter schon mal von Colemans Freundin Micaiah Ransby attackiert. Coleman will einfach nur schnell laufen. Alles andere interessiert ihn nicht. Lyles, mit 19,50 Sekunden Nummer vier der ewigen 200-Meter-Bestenliste, setzt hingegen fort, was Bolt begonnen hat. Er bringt dieses gewisse Extra mit, hat Charisma, flirtet mit den Kameras, vollführt im Ziel auch mal einen Rückwärtssalto. Coleman tut sich schwer damit, Sympathien aufzubauen, mit dem Publikum zu spielen. Lyles hat eindeutig die besseren Karten, der neue Sprint-Star zu werden. Aber am Ende müssen auch die Leistungen außergewöhnlich sein.

Kampf um den Sprintthron
Vor zwei Jahren holte sich Justin Gatlin nach dem Ende der Ära Bolt das WM-Gold. In Doha schnappte ihm Christian Coleman den Titel vor der Nase weg. Über 200 Meter verzichtete der 23 Jahre alte, bullige US-Sprinter dann auf das Duell mit Shooting-Star Noah Lyles, der souverän in 19,83 Sekunden gewann und auch die US-Sprintstaffel zum Sieg führte. Allerdings war er in Doha über drei Zehntel langsamer als Anfang Juli in Lausanne, wo er in 19,50 Sekunden auf Rang vier der ewigen Bestenliste gestürmt war

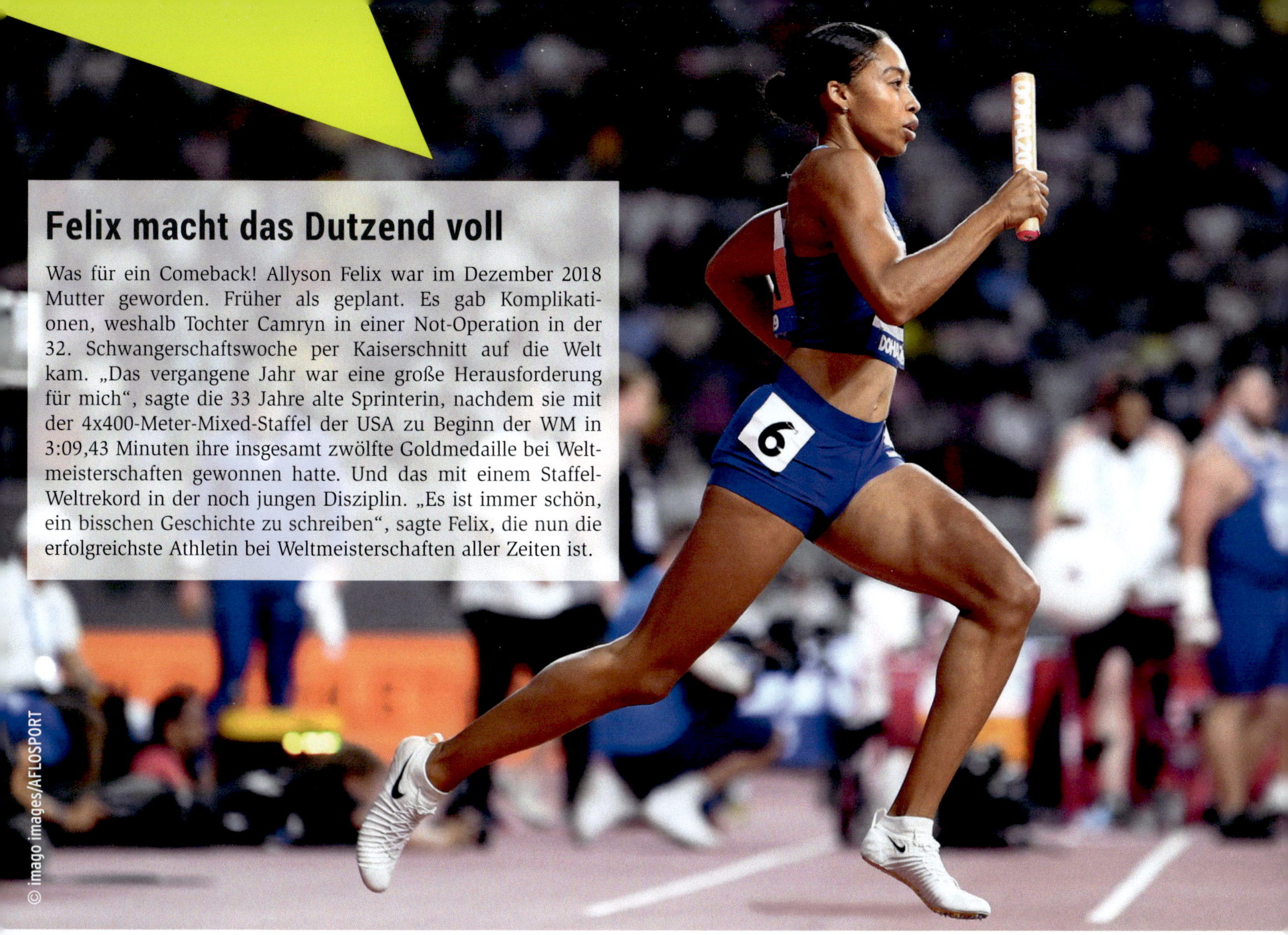

© imago images/AFLOSPORT

Felix macht das Dutzend voll

Was für ein Comeback! Allyson Felix war im Dezember 2018 Mutter geworden. Früher als geplant. Es gab Komplikationen, weshalb Tochter Camryn in einer Not-Operation in der 32. Schwangerschaftswoche per Kaiserschnitt auf die Welt kam. „Das vergangene Jahr war eine große Herausforderung für mich", sagte die 33 Jahre alte Sprinterin, nachdem sie mit der 4x400-Meter-Mixed-Staffel der USA zu Beginn der WM in 3:09,43 Minuten ihre insgesamt zwölfte Goldmedaille bei Weltmeisterschaften gewonnen hatte. Und das mit einem Staffel-Weltrekord in der noch jungen Disziplin. „Es ist immer schön, ein bisschen Geschichte zu schreiben", sagte Felix, die nun die erfolgreichste Athletin bei Weltmeisterschaften aller Zeiten ist.

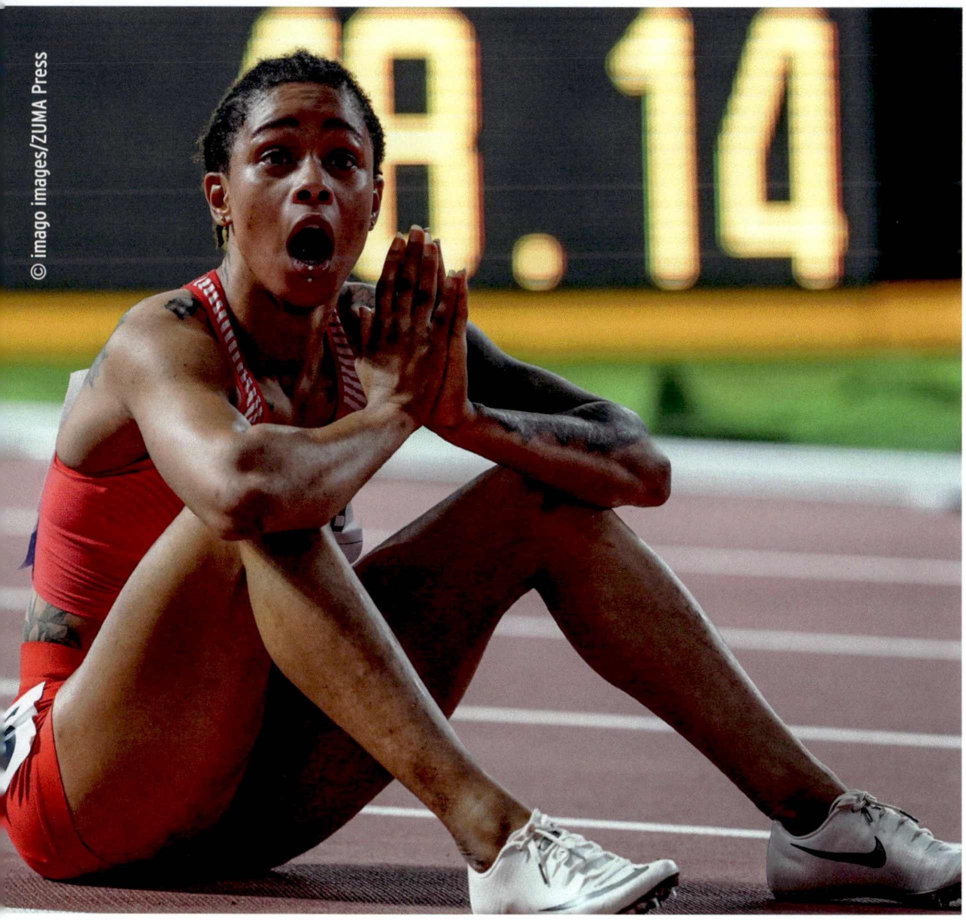

© imago images/ZUMA Press

Unfassbare 48,14 Sekunden

Es sah so leichtfüßig aus, wie Salwa Eid Naser aus Bahrain im 400-Meter-Finale über die Bahn schwebte. Das 50-Kilo-Leichtgewicht hat einen wunderbaren Laufstil, der nicht nur schön anzusehen, sondern auch äußerst schnell ist. Die Uhr stoppte nach 48,14 Sekunden und die 1,67 Meter große Sprinterin konnte es nicht fassen. Mit 21 Jahren und 133 Tagen sicherte sie sich als jüngste Sprinterin der Geschichte den Titel über 400 Meter und verwies Olympiasiegerin Shaunae Miller-Uibo (Bahamas/48,37 sec) auf Platz zwei. Naser rannte in Katar die drittschnellste jemals gelaufene Zeit über die Stadionrunde. Nur Weltrekordlerin Marita Koch (47,60 sec) und Jarmila Kratochvílová (CZE/47,99 sec) waren in den 1980er-Jahren schneller als die junge Frau, die am 23. Mai 1998 als Ebelechukwu Agbapuonwu in Nigeria geboren wurde. 2014 nahm sie die Staatsbürgerschaft von Bahrain an und konvertierte zum Islam.

LEICHTATHLETIK 2019 WM-Highlights

Sam Kendricks siegt bei irrer Flugshow vor Duplantis

Es wurde die erwartete große Show. Und ein bisschen mischten auch zwei deutsche Stabhochspringer mit. Bo Kanda Lita Baehre (TSV Bayer 04 Leverkusen) kam bei seinem WM-Debüt auf einen hervorragenden vierten Platz. Der 20-Jährige übersprang 5,70 Meter und ließ immerhin Olympiasieger Thiago Braz (Brasilien) hinter sich. Ex-Weltmeister Raphael Holzdeppe (LAZ Zweibrücken) wurde mit 5,70 Meter Sechster.

Der erhoffte spektakuläre Wettkampf wurde es aber erst, als nur noch drei Springer im Wettbewerb waren. 5,80 Meter nahmen Sam Kendricks (USA/Foto), Armand Duplantis (Schweden) und Piotr Lisek (Polen) ohne Fehl und Tadel. Bei 5,87 Meter strauchelte Titelverteidiger Kendricks kurz, um die Höhe im dritten Anlauf noch zu meistern. Alle drei gingen auch die 5,92 Meter gemeinsam an. Jetzt war Kendricks im Vorteil – ohne Fehlversuch überquerte er die Latte, während Duplantis dreimal Anlauf nehmen musste und Lisek sogar ausschied. Das Duell der beiden Freunde Kendricks und Duplantis, die sich nach jedem gelungenen Sprung beglückwünschten, hatte das erhofft hohe Niveau. Bei 5,97 Meter machten es beide spannend. Kendricks als auch „Wunderkind" Duplantis schafften die Höhe erst im dritten Anlauf. Die folgenden 6,02 Meter waren an diesem Abend für beide zu hoch. Der 27 Jahre alte US-Springer wehrte den Angriff der Jugend noch einmal ab. Fortsetzung: 2020 in Tokio!

Mahuchikh stiehlt Drechslers Bestmarke

Heike Drechsler hat eine ihrer Bestmarken eingebüßt. Seitdem sie bei der ersten WM 1983 in Helsinki Weitsprung-Gold geholt hatte, war sie mit 18 Jahren und 241 Tagen die jüngste Medaillengewinnerin bei Weltmeisterschaften in Felddisziplinen. In Doha unterbot die ukrainische Hochspringerin Yaroslava Mahuchikh diese Marke und gewann mit 18 Jahren und 10 Tagen Silber. Mahuchikh musste sich mit dem U20-Weltrekord von 2,04 Meter nur der höhengleichen Mariya Lasitskene (Russland), die als neutrale Athletin startete, geschlagen geben. Silber ging erst einmal bei einer WM mit einer solchen Höhe weg: 1987 in Rom wurde Tamara Bykowa (UdSSR) mit 2,04 Meter Zweite hinter der Bulgarin Stefka Kostadinowa, die mit 2,09 Meter den heute noch gültigen Weltrekord aufstellte.

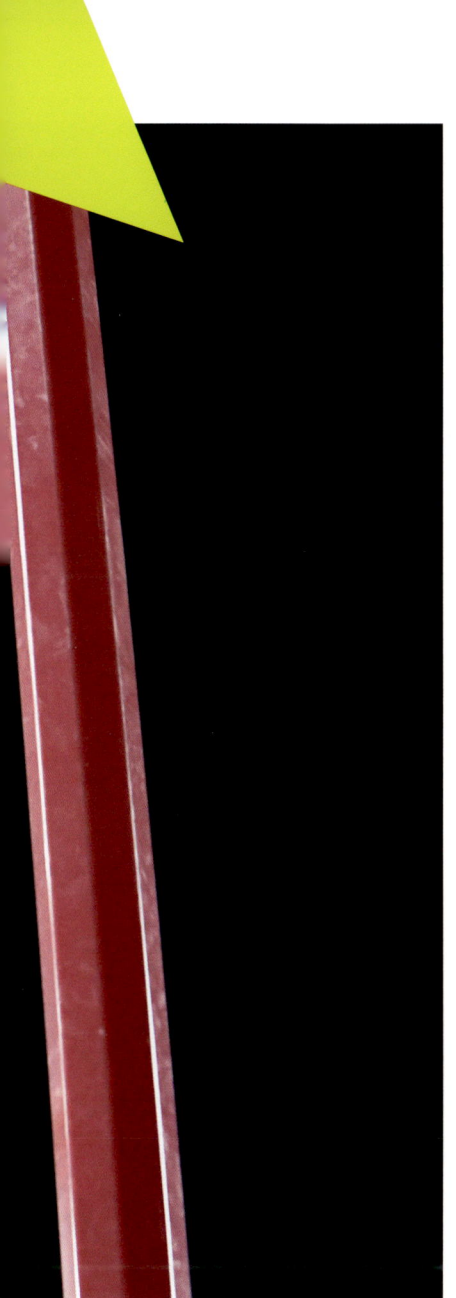

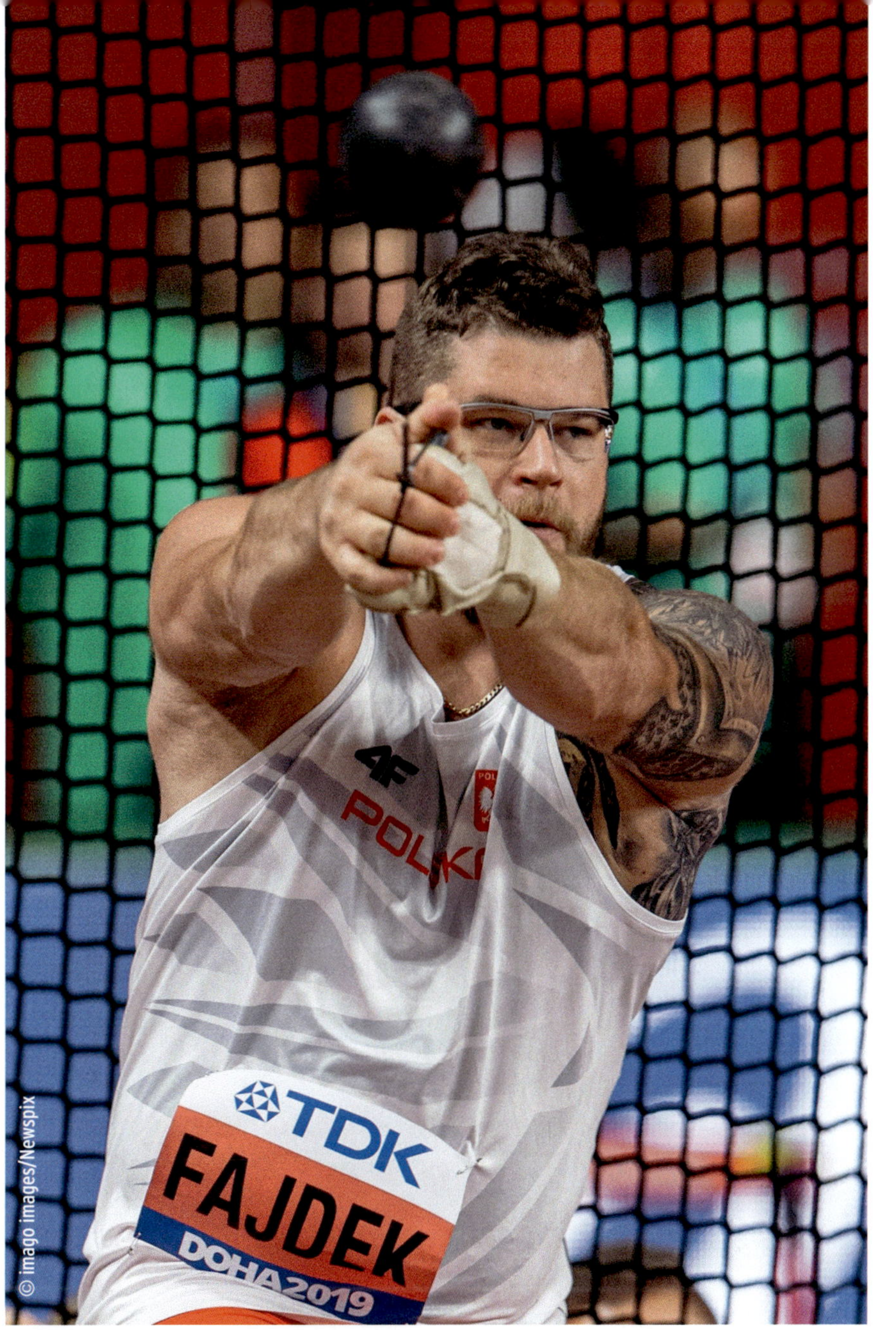

© imago images/Newspix

Wikinger Warholm nicht zu stoppen

Titel verteidigt: Karsten Warholm aus Norwegen bleibt das Maß der Dinge über 400 Meter Hürden. Der 23-Jährige setzte sich in 47,42 Sekunden vor Rai Benjamin (USA/47,66 sec) und Lokalmatador Abderrahman Samba (48,03 sec) durch. Warholm hatte 2019 alle 400-Meter-Hürden-Rennen gewonnen und in Zürich den Weltrekord von Kevin Young (USA/46,78 sec) mit 46,92 Sekunden nur um 14 Hundertstel verfehlt.

© imago images/Sven Simon

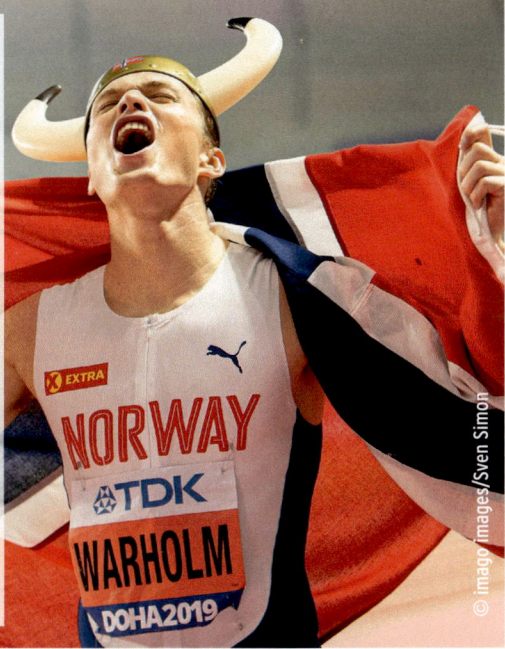

Vierter WM-Titel in Folge für Fajdek

In seinem Heimatland ist er ein Superstar, außerhalb Polens kennen den Hammerwerfer nur die Fachleute. Dabei ist Pawel Fajdek ein ganz Großer des Sports. Zum vierten Mal in Folge wurde er Hammerwurf-Weltmeister. Der 30-Jährige setzte sich in Doha mit 80,50 Metern vor dem Franzosen Quentin Bigot (78,19 m) und Bence Halasz aus Ungarn (78,18 m) durch. Fajdek zog mit dem früheren deutschen Diskus-Star Lars Riedel gleich, der zuvor als einziger Werfer bei Weltmeisterschaften viermal Gold in Serie geholt hatte. Mit insgesamt fünf Titeln liegt Riedel in dieser Hinsicht aber noch allein vorn. Olympiasieger Dilshod Nazarov aus Tadschikistan war kurz vor der WM wegen eines Dopingverdachts gesperrt worden.

LEICHTATHLETIK 2019 Deutsche Meisterschaften in Berlin

Die „Finals" versprühen EM-Feeling

Die DM-Bilanz: Konstanze Klosterhalfen verzauberte das Berliner Olympiastadion mit einem deutschen Fabelrekord, Weitspringerin Malaika Mihambo drang mit einem Traumsprung auf 7,16 Meter in neue Sphären vor: Die beiden Ausnahme-Athletinnen zeigten schon vor der WM, dass sie 2019 in Weltklasse-Form waren.

Damit hatten auch die größten Optimisten kaum gerechnet. Insgesamt 60.550 Zuschauer (26.200 am Samstag und 34.350 am Sonntag) strömten zur zentralen Veranstaltung der „Finals" ins Berliner Olympiastadion. Die Deutschen Meisterschaften an der Stätte der stimmungsvollen EM 2018 hatten nicht wenige Skeptiker als Risiko-Veranstaltung eingestuft. Das Stadion zu groß, die Stimmung zu schlecht. Doch das Konzept der „Finals" kam an. Die Leichtathletik entpuppte sich als Zugpferd für die Meisterschaften in insgesamt zehn verschiedenen Sportarten.

Das Stadion gut gefüllt, das Wetter perfekt und die Athleten in Form. Spätestens als Überfliegerin Konstanze Klosterhalfen (TSV Bayer 04 Leverkusen) am Samstag mit ihrem einsamen Rennen zum deutschen Rekord über 5000 Meter rannte, sprang der Funke über. Partystimmung und EM-Feeling im Olympiastadion. „Ich wollte schnell laufen und schauen, was geht", sagte die 22-Jährige. Die Leverkusenerin blieb in 14:26,76 Minuten mehr als 15 Sekunden unter der 20 Jahre alten bisherigen Bestmarke von Irina Mikitenko aus dem Jahr 1999 (14:42,03 min).

„Mein Ziel ist es, immer mehr in die Weltspitze vorzudringen", sagte Klosterhalfen, die Ende Juni bereits den von ihr gehaltenen deutschen Rekord über 3000 Meter um knapp zehn Sekunden auf 8:20,07 Minuten gedrückt hatte.

24 Stunden später zündete dann Malaika Mihambo einen weiteren Kracher. Die 25-Jährige von der LG Kurpfalz, die seit dem EM-Gold vor einem Jahr an gleicher Stelle nicht mehr zu bremsen ist, flog im letzten Durchgang neun Zentimeter weiter als ihre bisherige Bestleistung und holte sich mit Riesen-Vorsprung ihren dritten nationalen Titel.

„Ich bin nicht sehr gut in den Wettkampf gekommen, im letzten Versuch habe ich dann aber die Chance genutzt",

LEICHTATHLETIK 2019 Deutsche Meisterschaften in Berlin

Schneller Doppelsieg

Tatjana Pinto präsentierte sich an den beiden Tagen im Berliner Olympiastadion in Bestform. Ihrem Sieg über 100 Meter in 11,09 Sekunden ließ sie das DM-Gold über 200 Meter (22,65 sec) kaum 24 Stunden später folgen

sagte Mihambo: „Das ist ein absolut cooles Gefühl." Die Weltjahresbeste katapultierte sich damit in der „ewigen" deutschen Bestenliste hinter Heike Drechsler (7,48 m) und Helga Radtke (7,21 m) auf Platz drei. In Doha zog sie mit ihrem Sprung auf 7,30 Meter dann auch noch an Radtke vorbei.

Pinto schafft das Sprint-Double

Bereits am Samstag hatte Mihambo in 11,20 Sekunden hinter Tatjana Pinto (LC Paderborn/11,09 sec) und der EM-Zweiten Gina Lückenkemper (SCC Berlin/11,20 sec) Bronze über 100 Meter geholt. Damit hätte sie sich auch in dieser Disziplin für die WM qualifizieren können, entschied sich aber für die Konzentration auf ihre Paradedisziplin. Dass Mihambo in diesem Jahr so konstant Weltklasse-Leistungen abrufen konnte, hat viel mit ihrer Sprintstärke zu tun. Tatjana Pinto krönte sich unterdessen zur neuen Sprint-Königin. Mit ihrem Sieg am Sonntag über 200 Meter (22,65 sec) machte die 27-Jährige das Double perfekt.

Im Speerwerfen verteidigte Vize-Europameister Andreas Hofmann (MTG Mannheim) mit einer Leistungssteigerung im letzten Versuch seinen Titel erfolgreich. Der 27-Jährige lag mit 87,07 Meter knapp vor Außenseiter Julian Weber (USC Mainz/86,60 m), Olympiasieger und Europameister Thomas Röhler (LC Jena/82,70) wurde Dritter. Weltmeister Johannes Vetter konnte nicht starten, nachdem beim Aufwärmen neue Verletzungsprobleme aufgetreten waren. Bernhard Seifert (SC Potsdam), der früh in der Saison schon 89,06 Meter geworfen hatte, kam als Vierter nicht über 79,32 Meter hinaus, wurde aber für die WM in Doha nominiert. Seifert verzichtete später aufgrund fehlender Form zum Saisonende zugunsten von Julian Weber – eine tolle Geste des Speerwerfers.

Fünfter Titel für Gesa Krause

Souverän, wenngleich etwas weniger spektakulär als Klosterhalfen, beherrschte Europameisterin Gesa Felicitas Krause (Silvesterlauf Trier e.V.) die 3000 Meter Hindernis. In 9:28,45 Minuten gewann sie einen Tag nach ihrem 27. Geburtstag ihren fünften DM-Titel in Serie. „Ich wäre gerne etwas schneller gelaufen, deshalb bin ich nicht hundertprozentig zufrieden", meinte Krause.

Zwei deutsche Werfer-Stars erlebten am Samstag bittere Momente. Diskus-Olympiasieger Christoph Harting (SCC Berlin) blieb beim Berliner Heimspiel ohne gültigen Versuch. Den Titel sicherte sich der Magdeburger Martin Wierig (SC Magdeburg) mit 65,39 Meter. „Es ist nur eine deutsche Meisterschaft – halb so wild", sagte Harting, der in Berlin mit solchen Äußerungen für Verstimmung sorgte.

Der zweimalige Kugelstoß-Weltmeister David Storl (SC DHfK Leipzig) kassierte nach acht DM-Titeln in Serie eine deutliche Niederlage, rettete im letzten Versuch mit 19,77 Meter noch Bronze. Das Ergebnis sei „total ernüchternd", sagte er. Deutscher Meister wurde Simon Bayer (VfL Sindelfingen/20,26 m). Besser als Storl machte es Christina Schwanitz. Die frühere Kugelstoß-Weltmeisterin vom LV Erzgebirge holte mit 18,84 Metern ihren siebten DM-Titel in Folge.

Glanzlos mit 2,22 Meter gewann Hochspringer Mateusz Przybylko (TSV Bayer 04 Leverkusen) an der Stelle seines EM-Triumphes von 2018 den nationalen Titel. „Über die Höhe will ich nicht sprechen, das ist nicht das, was ich springen wollte", sagte er.

Das Pilot-Projekt „Finals" hat Zuschauer und Sportler begeistert. Das neue Multisport-Event soll keine Eintagsfliege bleiben. „Nach all dem tollen Feedback der Sportlerinnen und Sportler sowie der Zuschauer sollen das nicht die letzten Finals in Berlin gewesen sein", sagte Berlins Sportsenator Andreas Geisel (SPD). Und auch Jürgen Kessing, Präsident des Deutschen Leichtathletik-Verbandes (DLV), will mehr. „Das ist ein tolles Format.

Erfolgreiche Flugkurven

Speerwerferin Christin Hussong holte sich mit 65,33 Metern überlegen Gold. Zwei Monate später verpasste sie mit 65,21 Metern als WM-Vierte von Doha nur knapp eine Medaille. Keine Flugshow wie noch vor 12 Monaten lieferte Mateusz Przybylko. Der Hochsprung-Sieg des Europameisters mit 2,22 Meter hinterließ Fragezeichen. Die Speerwerfer schwächelten etwas. Nur Andreas Hofmann und Julian Weber zeigten Normalform

Wenn man das jetzt nochmal auswertet, kann es durchaus eine gute Perspektive für die Zukunft sein." Er habe eine Atmosphäre verspürt, „wie man sie ganz selten im Sport erlebt", und er brachte zuvor aus Begeisterung gar wieder eine deutsche Olympiabewerbung ins Spiel. 60.550 Zuschauer verschlug es an beiden Tagen ins Berliner Olympiastadion. „Es waren die höchsten Zuschauerzahlen, die wir in diesem Jahrtausend gehabt haben. Jeder, der im Stadion war, hat eine fantastische Stimmung erlebt", sagte Kessing. Auch DLV-Generaldirektor Idriss Gonschinska hörte „unheimlich viel positives Feedback" und riet, man solle bei einer positiven Analyse des Events „ein begonnenes Projekt weiterführen".

Insgesamt kamen 178.000 Menschen, um die deutschen Meisterschaften in zehn Sportarten live an den Wettkampforten zu verfolgen. Währenddessen schaltete auch das TV-Publikum so eifrig ein, dass eine Wiederholung wahrscheinlich ist. Durchschnittlich 1,48 Millionen Menschen sahen am Samstag und Sonntag die je gut zehnstündigen Live-Übertragungen von ARD und ZDF, was einem Marktanteil von 13 Prozent entsprach. „Wir sind hochzufrieden. Das war eine großartige Premiere mit tollen sportlichen Leistungen, die hier in Berlin viele Zuschauer angelockt haben", sagte ZDF-Sportchef Thomas Fuhrmann.

Nächste DM in Braunschweig

Doch eine unmittelbare Neuauflage im kommenden Jahr wird es schon mal nicht geben. „Das schaffen wir zwischen Fußball-EM und den Olympischen Spielen nicht. Aber für das Jahr darauf kann ich mir eine Wiederholung vorstellen, zumal auch die beteiligten Verbände und die Athleten zufrieden waren", sagte ARD-Sportkoordinator Axel Balkausky.

„Sollte sich das Format für die Zukunft etablieren, wird ohne Zweifel auch die Standortfrage eine bedeutende Rolle spielen", sagte Dagmar Freitag (SPD), die Vorsitzende des Sportausschusses im Bundestag. Denn natürlich hat Berlin alle Voraussetzungen, um auch dann wieder als Ausrichter zu fungieren. Andere Städte dürften aufgrund des großen Erfolges und des öffentlichen Interesses ebenfalls hellhörig werden. Sie müssten aber einen ähnlich hohen Etat zusammenbekommen, wie es Berlin in diesem Jahr geschafft hatte (3,3 Millionen Euro). Eines scheint sicher: Von den Sportlern würde es eine breite Unterstützung für weitere „Finals" geben. Die Deutschen Leichtathletik-Meisterschaften für die Jahre 2020 und 2021 wurden allerdings vom DLV bereits fest nach Braunschweig und Kassel vergeben.

LEICHTATHLETIK 2019 Die Stars der Saison

Wechselhaft

Cindy Roleder: Die Hürdensprinterin verließ zu Beginn des Jahres ihre gewohnte Trainingsumgebung in Halle, um sich in Leipzig auf die WM-Saison vorzubereiten. Doch mitten im Sommer kehrte sie nach Halle zurück. Und doch war sie immer topfit, wenn's drauf ankam: Bei der Hallen-EM in Glasgow holte sie Silber, bei der WM in Doha sprintete sie Saisonbestzeit über 100 Meter Hürden. Das reichte allerdings nicht für den Einzug ins Finale.

Topfit, wenn es darauf ankommt – das ist Cindy Roleder vom SV Halle in diesem Jahr gelungen, obwohl sie gleich zweimal den Trainingsstandort gewechselt hat. Bei den Hallen-Europameisterschaften in Glasgow reichte ihre Topform sogar zur Silbermedaille, die sie sich über 60 Meter Hürden in 7,97 Sekunden hinter der Niederländerin Nadine Visser (7,87 sec) sicherte. Für Cindy Roleder war es bereits die sechste internationale Medaille.

Bei den Weltmeisterschaften in Doha lief sie im Vorlauf mit 12,76 Sekunden Saisonbestzeit über 100 Meter Hürden, doch im Halbfinale war sie dann eine Zehntel langsamer und der Traum vom Finale platzte. Dabei wurde bereits die erste Hürde zum Stolperstein. Die 30-Jährige lief nach einem guten Start zu dicht heran, trat ins Hindernis und verlor Zeit und Rhythmus. Den dort eingehandelten Rückstand konnte sie trotz einer starken zweiten Rennhälfte nicht mehr aufholen. Cindy Roleder zeigte allerdings, dass sie mit den zwei schnellsten Rennen der Saison auch beim Saisonhöhepunkt im Freien in Topform war.

LEICHTATHLETIK 2019 Die Stars der Saison

„Das Niveau hier ist krass", meinte sie nach dem Habfinal-Aus in Doha, „ich wusste, ich muss volles Risiko gehen. Es ist ärgerlich, dass ich die erste Hürde mitgenommen habe, dann braucht man die nächsten zwei, um wieder reinzukommen. Ich habe versucht, das Beste draus zu machen. 12,86 Sekunden ist die zweitschnellste Zeit meiner Saison – mit so einer ersten Hürde. Da sieht man, was möglich ist."

Nachdem ihre Saison zu Ende war, bedankte sie sich erstmal bei ihrem Trainer Wolfgang Kühne, in dessen Trainingsgruppe in Halle sie mitten in der Saison nach einem Ausflug nach Leipzig zurückgekehrt war. „Ich muss ihm ein riesiges Kompliment aussprechen. Er hat es wieder geschafft, dass ich bei der WM topfit am Start stehe. Wir haben vor dem Wettkampf noch mal extrem an der Schnelligkeit gearbeitet. Die war über die Saison hinweg nicht so da."

Den Fokus etwas verloren

Insgesamt lief die Saison allerdings nicht so richtig rund für die 30-Jährige, die zu Beginn des Jahres aus ihrer alten Trainingsgruppe bei Wolfgang Kühne in Halle nach Leipzig gewechselt war. „Ich habe meinen Fokus etwas verloren", betonte sie mehrmals. Und an ihre Bestleistung von 12,59 Sekunden über 100 Meter Hürden, mit der sie 2015 in Peking WM-Bronze gewonnen hatte, ist sie 2019 nicht herangekommen.

Zu viel alleine trainiert

Ihr Plan war eigentlich, zusammen mit Hürdensprint-Kollege Gregor Traber in Leipzig für Doha und Olympia 2020 in Tokio zu trainieren. An ihrer Seite sollten mit Wolfgang Kühne und Jan May zwei Coaches sein. Und das an dem Ort, wo sie bei dem jetzigen Generaldirektor Sport im DLV, Idriss Gonschinska, das Hürdensprinten erlernt und sich mit dem jetzigen Männer-Bundestrainer Jan May in der nationalen Spitze etabliert hatte. Siebenkampf-Bundestrainer Wolfgang Kühne hatte sie anschließend in Halle an der Saale in die absolute Weltspitze geführt.

„Ich habe nach den Deutschen Hallenmeisterschaften mein Team verändert", hatte Cindy Roleder im Spätwinter in Glasgow erklärt, nachdem sie über 60 Meter Hürden EM-Silber gewonnen hatte. „Ich trainiere jetzt in Leipzig in der Gruppe von Jan May, in Zusammenarbeit mit Wolfgang Kühne. Er schreibt mir weiter meine Trainingspläne, ich habe jetzt also zwei Trainer."

Einer der Gründe für diese Entscheidung: Die Möglichkeit, sich in Leipzig Seite an Seite mit anderen starken Hürdensprintern weiterzuentwickeln. Denn dort trainieren unter Jan May auch der EM-Fünfte Gregor Traber (LAV Stadtwerke Tübingen), der DM-Dritte Maximilian Bayer (MTV 1881 Ingolstadt) und die Deutsche Jugend-Hallenmeisterin von 2018 Annika Niedermayer (SC DHfK Leipzig).

2013 hatte Cindy Roleder Leipzig verlassen und seitdem mit der Zehnkampf-Gruppe von Wolfgang Kühne in Halle trainiert – mit Michael Schrader, Rico Freimuth und später auch Luca Wieland (alle SV Halle). Doch die standen im Jahresverlauf 2018 alle aus unterschiedlichen Gründen nicht voll im Training. „Ich habe viel alleine trainiert, und ich mag es einfach nicht, alleine in der Halle zu stehen. Ich brauche auch Leute, die mich an schlechten Tagen mal pushen", erklärte Cindy Roleder dann ihren Wechsel von Halle nach Leipzig.

Rolle rückwärts nach Halle

Doch im Sommer dann die Rolle rückwärts, die sie so erklärt: „Ich trainiere seit Ende Juli wieder in Halle. Aber Wolfgang Kühne war auch in Leipzig mein Trainer. Ich habe in den knapp fünf Monaten in Leipzig gemerkt, dass ich ihn regelmäßig an meiner Seite brauche. Durch das Karriere-Ende von Maximilian Bayer hatte ich in Leipzig keinen Trainingspartner mehr. In Halle trainiere ich überwiegend mit Bobfahrern, unter anderem mit Thorsten Magis. Die können mich bei Starteinheiten ordentlich fordern."

Am wichtigsten aber ist für Cindy Roleder, wieder mehr mit Wolfgang Kühne zusammen zu sein. Sie sagt über ihren Trainer: „Er ist ein ungemein ruhiger und gelassener Mensch. Wenn er da ist, beruhigt mich das extrem. Denn allein bin ich oft ziemlich hibbelig vor den Wettkämpfen. Außerdem hat er einen super Blick für meine Läufe. Er sieht genau, was bei mir nicht stimmt, was nicht rund läuft." Und das hat ihr in Leipzig gefehlt, auch wenn Kühne immer ihr Trainer war. „Es ist was anderes, nur nach einem Plan zu trainieren oder dasselbe Programm unter den Augen des Trainers zu absolvieren. Da hat man als Athlet oft eine andere Wahrnehmung als der Trainer von außen." Die Grundlage ihrer Konstanz und Stabilität, mit der sie sich zumindest auf europäischer Ebene zu einer Medaillenbank für den DLV entwickelt hat, war und ist aber immer das vielfältige Siebenkampf-Training, zu dem auch Kugelstoß-Einheiten gehören. Egal ob in Leipzig oder Halle.

Punkte, Punkte, Punkte
Bei der Team-EM in Bydgoszcz sprintete Cindy Roleder in 12,87 Sekunden auf Rang zwei und sicherte elf Punkte für die Gesamtwertung, in der das DLV-Team am Ende Zweiter wurde

Hallen-EM: Erstes Gold für Nadine Visser, erstes Silber für Cindy Roleder

Vor der Hallen-EM von Glasgow hatte Cindy Roleder schon Gold und Bronze gewonnen. Eine Silbermedaille auf internationaler Ebene fehlte ihr noch. Genau die holte sie sich am 3. März in der schottischen Metropole. Im Finale über 60 Meter Hürden kam sie als Titelverteidigerin nicht so gut aus den Blöcken, arbeitete sich dann aber bis auf Rang zwei vor (7,97 sec). Nadine Visser (Niederlande; 7,87 sec) holte sich ihren ersten großen Titel

„Er ist ungemein gelassen. Wenn er da ist, beruhigt mich das extrem."

Cindy Roleder über ihren Trainer Wolfgang Kühne. 2019 wechselte sie mitten in der Saison von ihrer Trainingsgruppe in Leipzig zurück nach Halle, um das tägliche Training wieder unter den Augen ihres langjährigen Coaches zu absolvieren

LEICHTATHLETIK 2019 Hallen-Europameisterschaften in Glasgow

Glasgower Zentimeterpech

Die Bilanz der Hallen-EM: Viermal Silber und einmal Bronze – das war die Ausbeute des 27-köpfigen Teams des DLV. Dreimal fehlte den deutschen Athletinnen gerade mal ein Zentimeter zu einem noch besseren Ergebnis.

Gold verpasst, Silber gewonnen
Ein Zentimeter fehlte zu Gold – doch davon ließ sich Christina Schwanitz (mitte) ihre gute Laune nicht nehmen. Eingerahmt von ihren Teamkolleginnen Sara Gambetta (links), die im Kugelstoß-Finale Platz sieben belegte, und der Alina Kenzel (rechts), die Achte wurde, feierte sie ihren Erfolg

Junges Team, tolle Leistungen I

Amos Bartelsmeyer lief über 3000 Meter in 7:59,62 Minuten auf einen guten sechsten Platz. Youngster Andreas Bechmann erkämpfte im Siebenkampf 6001 Punkte und landete damit auf Platz fünf

"Wie viel ist bitte ein Zentimeter?", fragte Kugelstoßerin Christina Schwanitz (LV 90 Erzgebirge) nach ihrem Finale bei den Hallen-Europameisterschaften in Glasgow. Kurz zuvor hatte sie im engsten Kugelstoß-Finale in der Geschichte der Titelkämpfe schmerzhaft erfahren müssen, dass die Winzigkeit von einem Zentimeter eben doch einen großen Unterschied machen kann – nämlich zwischen Gold und Silber. So wurde Schwanitz mit 19,11 Metern Zweite hinter Radoslava Mavrodieva (Bulgarien/19,12 m). Ähnlich erging es noch zwei weiteren DLV-Athleten: Ex-Dreisprung-Europameister Max Heß (LAC Erdgas Chemnitz), der sich nach langen Verletzungsproblemen in einem hochklassigen Finale eindrucksvoll auf dem Podium zurückmeldete, fehlte mit 17,10 Metern ein Zentimeter zu Silber. Bei Weitsprung-Europameisterin Malaika Mihambo (LG Kurpfalz) entschied dieser minimale Abstand gar zwischen Bronze und Blech – zuungunsten der Deutschen. Sie landete bei 6,83 Metern und damit auf Rang vier.

So hatten die Hallen-Europameisterschaften aus deutscher Sicht von allem etwas zu bieten: Kleine Enttäuschungen – wie das knappe Vorbeischrammen von Schwanitz an Gold. Und größere Enttäuschungen – wie das Scheitern von Hochsprung-Europameister Mateusz Przybylko an 2,22 Metern im Finale, nachdem er in der Qualifikation noch 2,28 Meter übersprungen hatte. Aber auch viele „tolle Momente und Steigerungen", wie Idriss Gonschinska, Generaldirektor Sport im Deutschen Leichtathletik-Verband (DLV), befand. Für zwei dieser tollen Momente sorgten Hürdensprinterin Cindy Roleder (SV Halle), die mit 7,97 Sekunden Silber und damit ihre sechste internationale Medaille holte, und David Storl (SC DHfK Leipzig), der als Zweiter nicht nur seine insgesamt 15. internationale Medaille holte, sondern mit 21,54 Metern auch seine beste Hallenweite seit 2014 erzielte.

DEUTSCHE MEDAILLEN IN GLASGOW

●	Konstanze Klosterhalfen (TSV Bayer 04 Leverkusen)	3000 Meter	8:34,06 min
●	Cindy Roleder (SV Halle)	60 Meter Hürden	7,97 sec
●	Christina Schwanitz (LV 90 Erzgebirge)	Kugelstoßen	19,11 m
●	David Storl (SC DHfK Leipzig)	Kugelstoßen	21,54 m
●	Max Heß (LAC Erdgas Chemnitz)	Dreisprung	17,10 m

LEICHTATHLETIK 2019 Hallen-Europameisterschaften in Glasgow

Toll war auch der Auftritt der beiden deutschen Lauftalente Konstanze Klosterhalfen (TSV Bayer 04 Leverkusen) und Alina Reh (SSV Ulm 1846) über 3000 Meter. Während Konstanze Klosterhalfen in 8:34,06 Minuten um nicht einmal zwei Sekunden an ihrem eigenen deutschen Hallenrekord vorbeilief und sich Silber schnappte, lief Alina Reh mit 8:39,45 Minuten im Finale auf Platz vier. Damit schob sie sich in der ewigen deutschen Bestenliste auf Platz zwei vor. „Konstanze Klosterhalfen zeigt sich stark entwickelt, musste aber eingestehen, dass eine Laura Muir eben derzeit noch stärker ist", sagte Gonschinska.

Nachwuchstalente glänzen

Auch abseits dieser Leistungen und Medaillen lieferte das junge deutsche Team viele sportliche Highlights ab: Zum Beispiel den bemerkenswerten fünften Platz von Andreas Bechmann (LG Eintracht Frankfurt) im Siebenkampf mit 6001 Punkten, der mit seinen 19 Jahren als jüngstes DLV-Teammitglied nach Glasgow gereist war. Oder den sechsten Platz über 3000 Meter des DLV-Newcomers Amos Bartelsmeyer (LG Eintracht Frankfurt), der im Vorlauf in 7:51,35 Minuten nur knapp zwei Sekunden über seiner Bestzeit blieb. Auch der Finaleinzug des 20-jährigen Kevin Kranz (Sprintteam Wetzlar) über 60 Meter gehörte dazu.

18 Athleten unter den Top Acht

Insgesamt platzierten sich 18 Athleten aus dem 27 Athletinnen umfassenden DLV-Team in den Top Acht. In der Nationenwertung landete die deutsche Mannschaft damit auf dem fünften Platz (66,50 Punkte), hinter den überragenden Briten (122,5), Polen (72), Frankreich (72) und Spanien (69). Dabei hatte das deutsche Team schmerzhafte Absagen zu verkraften. Darunter auch die von Medaillenkandidatinnen wie Dreisprung-Titelverteidigerin Kristin Gierisch (LAC Erdgas Chemnitz) und Hürdensprinterin Pamela Dutkiewicz (TV Wattenscheid 01), die beide als Europas Führende in Glasgow an den Start gegangen wären. Aber auch das verletzungsbedingte Aus der beiden Mehrkampf-Asse Arthur Abele (SSV Ulm 1846) und Kai Kazmirek (LG Rhein-Wied) wog schwer.

Darüber hinaus hatte sich eine große Zahl leistungsstarker Top-Athleten schon im Vorfeld für eine langfristige Vorbereitung auf die WM in Doha entschieden und auf die Hallen-EM verzichtet. Im Vergleich zur Hallen-EM 2017 in Belgrad, wo der DLV mit 45 Athleten vertreten war, ging in Glasgow als ein deutlich kleineres DLV-Team (27) in die Wettkämpfe. Für den Generaldirektor Sport im DLV war Glasgow ohnehin nur ein Zwischenschritt: „Der Schwerpunkt in diesem Jahr liegt nicht auf einer Hallen-Europameisterschaft. Der Schwerpunkt liegt auf einer langen Sommersaison mit ihrem Höhepunkt bei den Weltmeisterschaften Ende September, Anfang Oktober in Doha", betonte Gonschinska in seiner Bilanz und rückte die WM auch sogleich in den Vordergrund. „Unsere Vorbereitung des Teams auf diese Meisterschaften hat bereits begonnen."

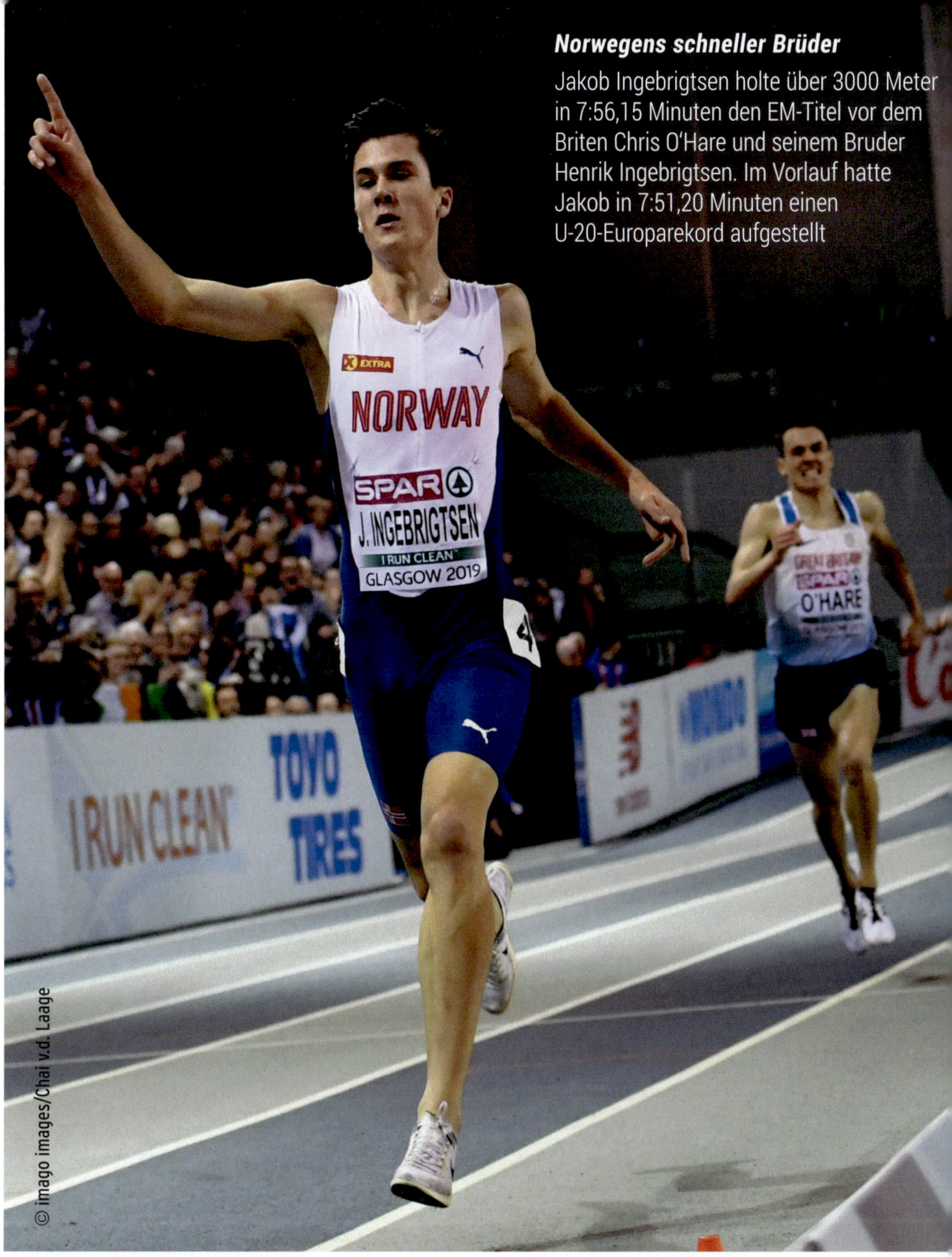

Norwegens schneller Brüder

Jakob Ingebrigtsen holte über 3000 Meter in 7:56,15 Minuten den EM-Titel vor dem Briten Chris O'Hare und seinem Bruder Henrik Ingebrigtsen. Im Vorlauf hatte Jakob in 7:51,20 Minuten einen U-20-Europarekord aufgestellt

© imago images/Chai v.d. Laage

Junges Team, tolle Leistungen II

Alina Reh wurde über 3000 Meter Vierte, Konstanze Klosterhalfen holte Silber hinter der Briten Laura Muir. Marius Probst und Karl Bebendorf landeten im 1500-Meter-Finale auf dem sechsten und siebten Platz. Kevin Kranz qualifizierte sich für das 60-Meter-Finale

© imago images/Chai v.d. Laage

© imago images/Chai v.d. Laage

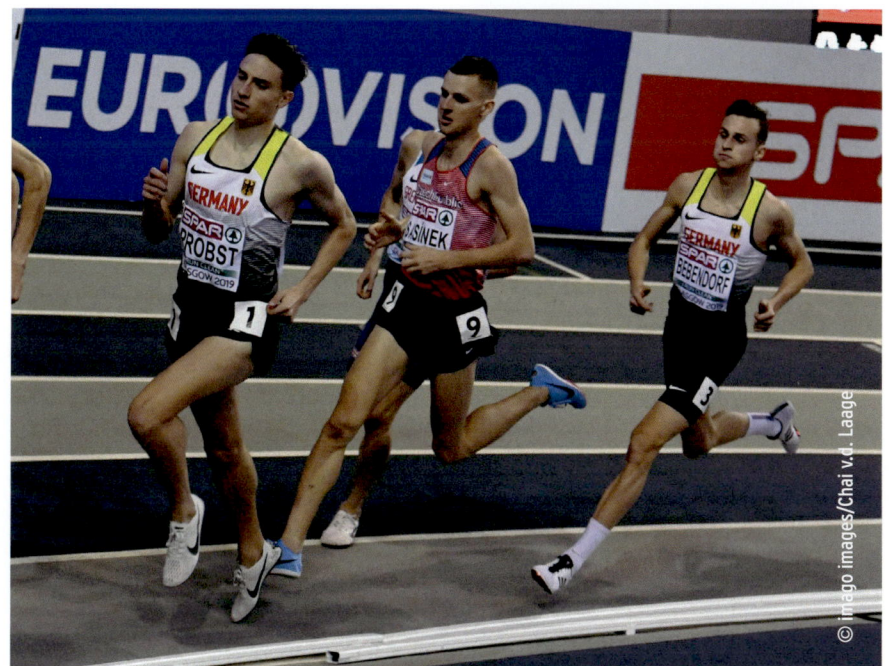

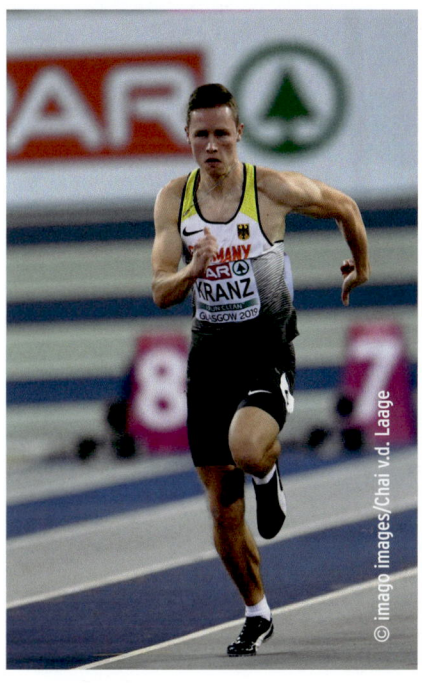

Mehr als Bronze war nicht drin

Dass es bei den Deutschen Meisterschaften nicht zu einer Top-Weite reichen würde, war David Storl schon vor dem Wettkampf bewusst. „Ich kenne ja meine Trainingsleistungen", sagte der 29-Jährige, nachdem er sich im DM-Finale von Berlin im letzten Durchgang mit 19,77 Metern gerade noch auf den Bronzeplatz gerettet hatte

Vom Körper gestoppt

David Storl: In der Hallensaison war es eigentlich wie immer: Deutschlands Vorzeige-Kugelstoßer steigerte sich kontinuierlich und holte bei der Hallen-EM mit Saisonbestleistung (21,54 m) Silber. Anschließend visierte er die WM in Doha an. Doch daraus wurde nichts: Wiederkehrende Rückenprobleme zwangen ihn zum Abbruch der Freiluftsaison.

LEICHTATHLETIK 2019 Die Stars der Saison

Das Jahr 2019 fing für David Storl (SC DHfK Leipzig) genauso an, wie es sich der zweimalige Weltmeister gewünscht hatte: In der Halle steigerte er sich von Wettkampf zu Wettkampf und zeigte seine Saisonbestleistung beim Höhepunkt, der Hallen-EM in Glasgow. Nach mehreren Wettkämpfen, bei denen er um die 21 Meter stieß, erzielte er bei den Deutschen Hallenmeisterschaften in Leipzig 21,32 Meter und fuhr als Medaillenkandidat nach Glasgow. Dort legte der als Jahresbester angereiste DLV-Athlet nach 21,16 Metern im ersten Versuch 21,54 Meter im zweiten nach und gewann damit Silber – die insgesamt 15. Medaille bei internationalen Meisterschaften für den Leipziger. Seine erste hatte er bei der Hallen-EM in Paris 2011 geholt. In Glasgow war nur Freiluft-Europameister Michal Haratyk besser, der Pole sicherte sich mit 21,65 Metern die Goldmedaille.

Trainingslager zahlt sich aus

Seit 2014 hatte Storl in der Halle nicht mehr so weit gestoßen. Damals hatte er bei der Hallen-WM im polnischen Sopot 21,79 Meter erzielt. „Ich glaube, so eine starke Hallen-Europameisterschaft hat es lange nicht gegeben", sagte der Deutsche nach dem Wettkampf. „Ich bin erstmal froh, dass ich da immer noch vorne mitmischen und – das klingt jetzt blöd – die ganzen jungen Athleten ein bisschen im Zaum halten kann." Er sei noch einmal für zehn Tage im Trainingslager auf Lanzarote gewesen und freue sich, dass sich das ausgezahlt habe. „Ich bin jetzt meist in dem Bereich, wo man wirklich für jeden Meter und für jeden Zentimeter kämpfen muss und es ist schön, wenn man ins Trainingslager fährt und dann einfach mal 20 Zentimeter draufpacken kann. Das gibt Mut und ist eine schöne Ausgangsposition für den Sommer."

Permanente Rückenprobleme

Doch die Freiluftsaison fing zunächst einmal viel später an, als er und sein Trainer Wilko Schaa eigentlich geplant hatten: Wegen muskulärer Probleme im unteren Rückenbereich konnte er im Trainingslager im türkischen Belek nicht voll trainieren und verschob seinen Saisoneinstieg erst einmal auf Mitte Juni. Daraus wurde schließlich Anfang Juli: Mit zwei Wettkämpfen in Bottrop und Biberach sowie Weiten von 19,03 Metern und 19,74 Metern zeigte er sich erstmals.

Ihm war offensichtlich klar, dass die Ergebnisse bei manchem Beobachte Unruhe auslösen würden, denn auf Facebook wandte er sich erklärend an die David-Storl-Fangemeinde: „Zur Einordnung der Leistungen sei gesagt, dass in den letzten sechs Wochen kein regelmäßiges Stoßtraining möglich war und ich seit dem 28. April lediglich 71 Stöße realisieren konnte." Trotzdem ging er optimistisch in die finale Vorbereitungsphase auf die Deutschen Meisterschaften: „Morgen beginnt die Vorbereitung auf die Deutschen Meisterschaften und bis dahin wird es uns gelingen ein ordentliches Niveau anzubieten!", schrieb er nach Biberach. Doch das gelang nicht, jedenfalls nicht, wenn man Storls eigene Maßstäbe anlegt. Bei der DM in Berlin rettete er sich im letzten Versuch mit 19,77 Metern nach zuvor acht Meistertiteln in Serie gerade so auf den dritten Platz. Und erklärte anschließend, wie sehr ihm sein Rücken in der Vorbereitung zu schaffen machte: „Wenn ich allgemein trainiere, ist es gut. Sobald ich aber spezifisch trainiere, werden die Probleme größer. 20 Meter hätte mir heute zugetraut, viel mehr aber nicht", erklärte der dreimalige Europameister. Spezifisch heißt: Sobald David Storl eine Kugel stößt.

Kurze Zeit später beendete Storl die Saison 2019. „Aufgrund der anhaltenden Probleme nach meiner Verletzung im April dieses Jahres war ein kontinuierliches Training nicht mehr möglich", erklärte er den Schritt in einer eigens verfassten Pressemitteilung. Damit verpasste der 29-Jährige die WM in Doha und erstmals in seiner Karriere eine internationale Freiluft-Meisterschaft. Gleichzeitig richtete Storl seinen Blick sofort auf die Zukunft: „Unser Ziel Tokio 2020 werden wir nach vollständiger Genesung in Angriff nehmen", kündigte er an. Dort will David Storl wieder ganz vorne mitmischen – und nach dem siebten Platz in Rio 2016 hat er mit Olympia noch eine Rechnung offen.

Fruchtbare Zusammenarbeit

Erst seit Herbst 2017 arbeitet David Storl mit Wilko Schaa in Leipzig zusammen. Ziel der Veränderung damals: durch neue Reize zurück zu alter Stärke finden, nachdem der 29-Jährige bei den Olympischen Spielen in Rio de Janeiro 2016 und bei der WM 2017 in London nicht wie gewohnt ganz vorne mitmischen konnte. Die Leistungen die Storl seitdem bei den Großereignissen zeigte, sprechen für sich. Silber bei der Hallen-WM in Birmingham mit 21,44 Metern, Bronze bei der EM in Berlin (21,41 m) und Silber bei der Hallen-EM in Glasgow (21,54 m)

Der Silberstoß
Im zweiten Versuch gelang David Storl bei der Hallen-WM in Glasgow ein 21,54-Meter-Stoß – so weit war seine Kugel seit 2014 in der Halle nicht mehr geflogen. In Glasgow gewann er mit dieser Weite Silber.

LEICHTATHLETIK 2019 Die Stars der Saison

Ausgebremster

Im sechsten Versuch der Deutschen Meisterschaften in Berlin hatte Max Heß (LAC Erdgas Chemnitz) dem begeisterten Publikum noch einmal eine Kostprobe seines Könnens präsentiert: Mit 16,50 Metern wehrte er den Angriff von Felix Wenzel (SC Potsdam) ab, der sich im sechsten Versuch an ihm vorbeigeschoben hatte, und sicherte sich seinen dritten deutschen Meistertitel.

Leider war dieser erste Auftritt in der Freiluft-Saison 2019 auch sein letzter: Auf der Rückfahrt nach Chemnitz machten sich die Rückenbeschwerden, die ihn schon im Vorfeld der Titelkämpfe geplagt hatten, wieder bemerkbar. „Im Endeffekt ergibt das MRT das gleiche Bild wie vor sechs, sieben Wochen. Die Bandscheibe ist ein Stück herausgerutscht und drückt, vermutlich ausgelöst durch die hohen Belastungen, auf den Nerv", erklärte Max Heß gegenüber der Freien Presse. Gemeinsam mit Trainer Harry Marusch entschied sich der 23-Jährige schweren Herzens für einen Saison-Abbruch. „Es ist sehr schade, aber vernünftig. Ich muss das akzeptieren. Denn was nützt es mir, wenn ich vielleicht noch mehr zerstöre."

Bilderbuch-Comeback

Dabei hatte das Jahr 2019 so gut für ihn begonnen: Er startete mit 16,29 Metern bei den Sächsischen Meisterschaften in die Hallensaison. Dann landete er beim Chemnitzer Hallenmeeting bei 16,66 Metern und knackte damit die Norm für die

Max Heß: Nach einem von Verletzungen geprägten Jahr 2018, meldete sich der Dreispringer 2019 mit Bronze bei der Hallen-EM in Glasgow eindrucksvoll zurück. Und mit seinem Sieg bei der DM in Berlin schien er auch auf dem besten Weg zu einer erfolgreichen Freiluftsaison zu sein. Doch dann machten ihm Rückenbeschwerden zu schaffen – der 23-Jährige musste die Saison abrechen.

Überflieger

Hallen-EM in Glasgow. Bei der Hallen-DM in Leipzig packte er noch ein paar Zentimeter drauf (16,74 m) und holte sich den Titel. In Glasgow bestätigte er anschließend seine immer besser werdende Form, brachte mit 17,10 Metern seine beste Leistung des Winters und gewann wie zwei Jahre zuvor in Belgrad Bronze. Nur ein Zentimeter fehlte zu Silbermedaillengewinner Nelson Evora (17,11 m).

Max Heß war sehr zufrieden mit seinem Start ins Weltmeisterschafsjahr und dem Abschneiden in Glasgow: „Nach zwei Jahren wieder Bronze, wieder bei der Hallen-EM: Da kann man auf jeden Fall zufrieden sein. Bei mir überwiegt auf jeden Fall die Freude über Bronze. Nelson war heute einfach um einen Zentimeter besser und beim nächsten Mal ist es dann halt umgekehrt. Es waren jetzt wirklich zwei schwierige Jahre, die ich hatte." Schon 2017 hatte der Student des Wirtschaftsingenieurwesens Probleme, 2018 verlief dann alles andere als nach Wunsch. Bei keinem Wettbewerb gelang es ihm, die 17-Meter-Marke zu übertreffen. Und auch bei den wichtigen Meisterschaften spielte sein Körper nicht mit. Bei den Deutschen Meisterschaften in Nürnberg wurde er nach abgebrochenem Wettkampf nur Sechster, bei der Heim-EM in Berlin war nach 16,32 Metern in der Qualifikation die Chance auf die Verteidigung seines EM-Titels von 2016 dahin.

Der Körper streikt

„Ich war geplagt von Verletzungen und dadurch war der Trainingsprozess gestört. Ich konnte keine vernünftige Vorbereitung absolvieren. Bei den Deutschen Meisterschaften riss die Verletzung wieder etwas auf. Mit der Vorbereitung waren in Berlin keinen großen Weiten möglich, außerdem fühlt man sich nach der Verletzung unsicher", so Heß Daraufhin wollte er mehr auf seinen Körper hören und nicht wie in den Jahren zuvor nach Verletzungen zu früh wieder mit dem Training beginnen.

Er hielt sich dran. Und blickte nach der so erfolgreichen Hallensaison äußerst optimistisch voraus auf die Freiluftsaison: „Es geht jetzt wieder aufwärts, ich bin wieder topfit und werde auch im Sommer wieder angreifen und dort wieder die 17 Meter attackieren", sagte Max Heß nach seinem Auftritt in Glasgow. Doch schon zu Beginn der Freiluftsaison war klar, dass das nicht einfach werden würde: Die Rückenbeschwerden begannen.

Ausnahmetalent

Man kann Max Heß und der deutschen Leichtathletik nur wünschen, dass sein Körper die hohen Belastungen, die Dreisprung nun einmal mit sich bringt, dauerhaft mitmacht. Der 23-Jährige ist ein Ausnahmetalent, das steht außer Frage: 17,52 Meter sprang er in der Qualifikation bei Hallen-EM 2017 in Belgrad – nur Charles Friedek (17,59 m) und Ralf Jaros (17,66 m) sind jemals weiter gesprungen.

Nach Erfolgen in der Jugend wurde er 2016 Europameister, gewann zweimal Bronze bei Hallen-Europameisterschaften (2017, 2019) und Silber bei den Hallen-Weltmeisterschaften in Portland/USA 2016. Sein großer Traum ist es, einmal bei Olympischen Spielen auf dem Podium zu stehen. Und er wird 2020 sicher einen ersten Anlauf nehmen wollen – wenn der Körper mitmacht.

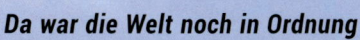

Da war die Welt noch in Ordnung
Nach seinem Satz auf 16,50 Meter ließ sich Max Heß bei den Deutschen Meisterschaften im Berliner Olympiastadion feiern. Schon wenige Stunden später, auf der Rückfahrt nach Chemnitz, zwickte jedoch sein Rücken wieder. Aufgrund der Verletzung musste der 23-Jährige die Saison abbrechen

LEICHTATHLETIK 2019 Team-Europameisterschaften in Bydgoszcz

Die Bilanz der Team-EM: Die erfolgreiche Titelverteidigung hat das deutsche Team im polnischen Bydgoszcz zwar verpasst, aber mit einem starken Schlusstag und viel Teamgeist rückte die DLV-Auswahl noch von Platz fünf auf zwei vor. Mit 317,5 Punkten war der Rückstand auf den neuen Europameister Polen (345) deutlich.

Erinnerungsfoto
Sprinterin Lisa-Marie Kwayie hält zusammen mit Sprint-Kollege Steven Müller und Diskussiegerin Claudine Vita den silbernen Moment bei der Siegerehrung per Selfie fest

Versilbertes

Teambuilding

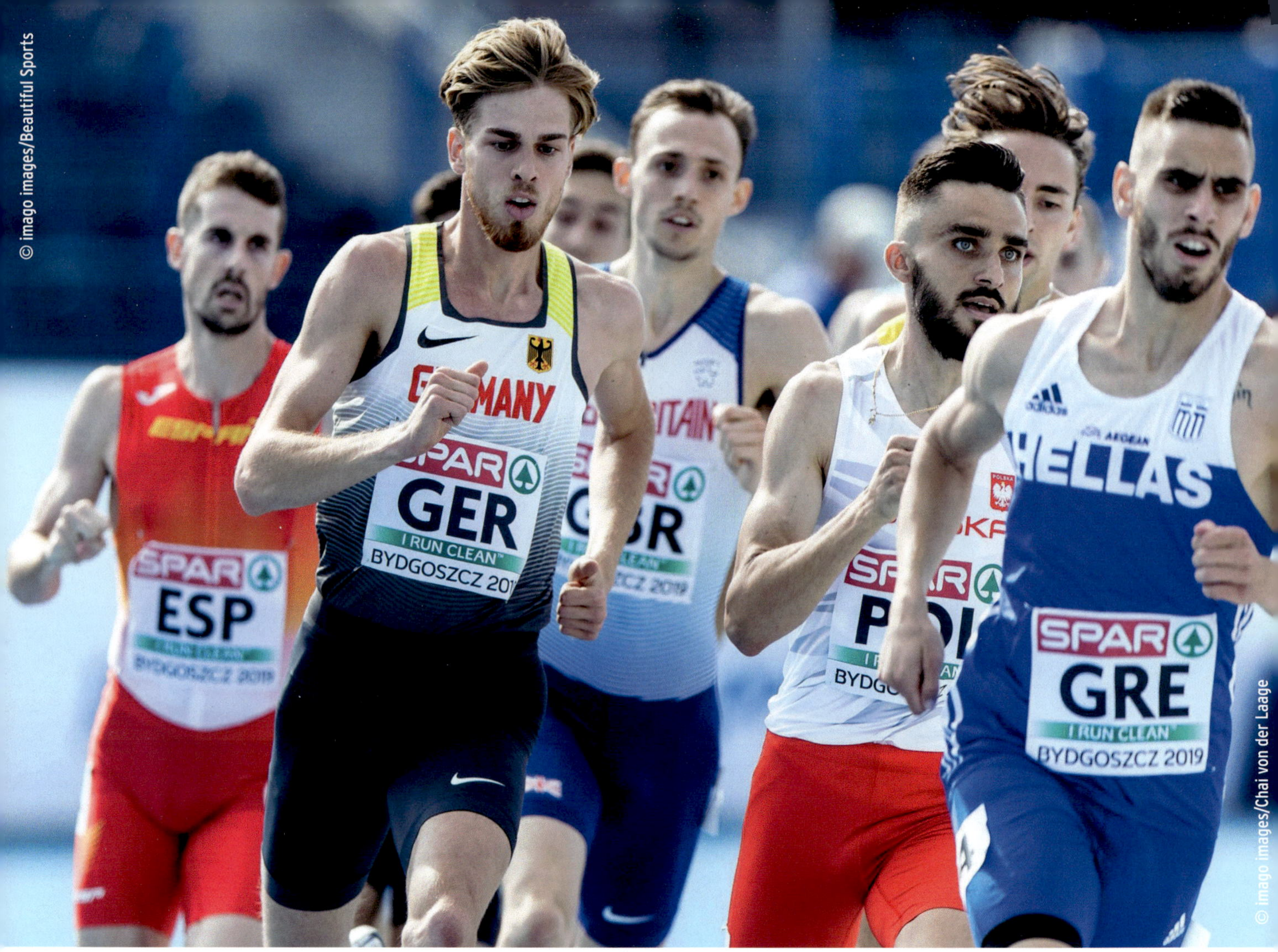

© imago images/Beautiful Sports

© imago images/Chai von der Laage

Spannende Rennen

Marc Reuther (LG Eintracht Frankfurt) war der beste deutsche 800-Meter-Läufer des Jahres. In Bydgoszcz lief er auf den vierten Platz. Mit seiner Bestzeit von 1:45,22 Minuten qualifizierte er sich für die Weltmeisterschaften in Doha

Hohe und weite Sprünge zu Silber beigesteuert

Malaika Mihambo präsentierte im Kreis der übrigen DLV-Springer die Silbermedaille, die das Team in Bydgoszcz gewann. Besondere Auszeichnungen erhielten bei der Team-EM Julian Howard (3.v.l.) und Lisa Ryzih (2.v.r.). Der Weitspringer wurde für zehn Einsätze in der Nationamannschaft geehrt, die Stabhochspringerin sogar für 20

© imago images/Beautiful Sports

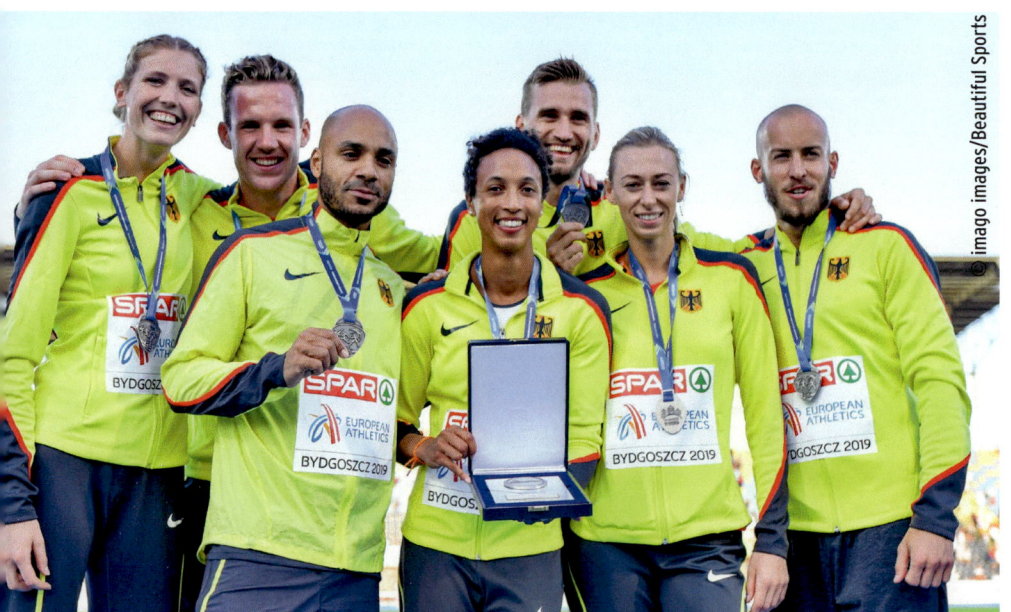

Nach der Siegerehrung für Platz zwei bei der Team-EM im polnischen Bydgoszcz kam das DLV-Team bei einer Mannschaftssitzung zusammen. Dort wurde von allen Seiten der starke Kampfgeist gelobt. Das Lob kam unter anderem von Christina Schwanitz (LV 90 Erzgebirge), die nicht nur auf Platz eins im Kugelstoßen landete, sondern gleichzeitig die Kapitänsrolle in Bydgoszcz inne hatte. „Mein Dank nach der dramatischen Aufholjagd gilt der gesamten Mannschaft. Wir haben wunderbar zusammengearbeitet und haben uns von Platz fünf auf Platz zwei vorgearbeitet. Am Ende hat ein Punkt entschieden. Ein großes Dankeschön für den Teamgeist", sagte die EM-Zweite bei der abschließenden Mannschaftssitzung.

Chef-Bundestrainer Alexander Stolpe hatte bereits zu Beginn der Team-EM gesagt, dass jeder Punkt zählen wird. Und er sollte Recht behalten. Denn am Ende triumphierte Polen mit 345 Punkten vor Deutschland (317,50 Pkt) und Frankreich (316,50 Pkt). „Eigentlich möchte ich niemanden herausheben, denn es war eine tolle Teamleistung", sagte Stolpe, doch dann gab es für die jeweiligen Tagessieger Julian Weber (USC Mainz), Gesa Felicitas Krause (Silvesterlauf Tri-

TEAM-EM 2019
DER ENDSTAND

1.	Polen	345 Pkt.
2.	Deutschland	317,5 Pkt.
3.	Frankreich	316,5 Pkt.
4.	Italien	316 Pkt.
5.	Großbritannien	302,5 Pkt.
6.	Spanien	294,5 Pkt.
7.	Ukraine	225 Pkt.
8.	Tschechiche Republik	219,5 Pkt.
9.	Schweden	210,5 Pkt.
10.	Griechenland	197 Pkt.
11.	Finnland	190 Pkt.
12.	Schweiz	175 Pkt.

„Wir haben wunderbar zusammengearbeitet."

Teamkapitänin Christina Schwanitz lobte nach dem Wettkampf nicht nur ihre Werferkollegen (Foto oben), sondern das komplette DLV-Team

er), Hanna Klein (SG Schorndorf 1846), Christina Schwanitz, Claudine Vita (SC Neubrandenburg) sowie Malaika Mihambo (LG Kurpfalz) Sonderapplaus von den Athleten und Trainern. „Wir haben mit einem Punkt Vorsprung noch Platz zwei geschafft. Kompliment an die gesamte Mannschaft."

Für die herausragende Leistung sorgte allerdings auch in Bydgoszcz Malaika Mihambo, die eine Woche zuvor bei den Deutschen Meisterschaften in Berlin mit 7,16 Metern das Glanzlicht gesetzt hatte. Bei der Team-EM übertraf sie wieder die sieben Meter, ihre Siegesweite von 7,11 Metern war allerdings einen Hauch zu stark vom Wind unterstützt (+2,2 m/s), doch auch mit ihren beiden weiteren gültigen Versuchen von 6,88 und 6,86 Metern hätte die 25-Jährige gesiegt.

„Es ist toll, mit so einem großen Vorsprung zu gewinnen", sagte Mihambo, die vor der Britin Abigail Irozuru (6,75 m) triumphierte: „Für mich ist die Team-EM etwas Besonderes, sonst treten wir immer für uns selbst an, hier für das Team."

Im Kugelstoßen setzte sich Ex-Weltmeisterin Christina Schwanitz mit 18,93 Metern deutlich durch. Hanna Klein siegte über 5000 Meter souverän in 15:39,00 Minuten. Alle diese Siege feierte das deutsche Team am Sonntag, dem Schlusstag der Team-EM. Am Samstag hatte Europameisterin Gesa Felicitas Krause über 3000 Meter Hindernis den einzigen deutschen Sieg geholt, zum Auftakt am Freitag waren Speerwerfer Julian Weber und Diskuswerferin Claudine Vita Erste geworden.

Die Chance auf ein besseres Ergebnis hatte die deutsche Auswahl am Samstag durch einige Aussetzer und Ausfälle vergeben. Unter anderem scheiterte Stabhochspringerin Lisa Ryzih (LAZ Zweibrücken) an ihrer Anfangshöhe, Dreispringerin Kristin Gierisch (Chemnitz) musste verletzt nach einem Versuch aufgeben. Weiter auf Formsuche befand sich anderthalb Monate vor der WM in Doha Hochsprung-Europameister Mateusz Przybylko (Leverkusen), der mit 2,22 Meter Vierter wurde.

Für die siegreichen Polen war es der erste Titelgewinn. Bislang hatten nur Deutschland (dreimal) und die weiterhin suspendierten Russen (viermal) die erstmals 2009 ausgetragenen Meisterschaften gewonnen. „Wir gratulieren Polen zum Sieg, aber in zwei Jahren wollen wir den Cup zurückholen", sagte DLV-Generaldirektor Sport Idriss Gonschinska

Punktehamster

Jessica-Bianca Wessolly lief über 200 Meter und mit der deutschen Sprintstaffel jeweils auf Platz drei

LEICHTATHLETIK 2019 Das ISTAF in Berlin

Viel Licht, wenig Schatten

Die ISTAF-Bilanz: Gesa Felicitas Krause stürmte zum Weltrekord über 2000 Meter Hindernis, die deutschen Sprinterinnen glänzten mit dem Staffelstab und Weitspringerin Malaika Mihambo siegte souverän mit 6,99 Metern. Die WM-Generalprobe lief gut für die deutschen Athleten. Mit einer Ausnahme: Diskus-Olympiasieger Christoph Harting enttäuschte als Letzter.

Als Gesa Felicitas Krause vom Trierer Silvesterlauf-Verein die Menge mit ihrem Coup über die selten gelaufene Distanz über 2000 Meter Hindernis zum Kochen brachte, war Christoph Harting (SCC Berlin) nach einem Wettkampf zum Vergessen bereits aus dem Berliner Olympiastadion geschlichen. Während der Diskus-Olympiasieger die Leichtathletik-Party beim ISTAF auf dem letzten Platz verlassen musste, entfachte Europameisterin Krause ein Feuerwerk auf der blauen Bahn. In 5:52,80 Minuten distanzierte Gesa Krause die Konkurrenz – nie war eine Frau „offiziell" schneller in einem Rennen über die kurze Hindernisstrecke. Lediglich die Kenianerin Beatrice Chepkoech bei ihrer Durchgangszeit auf dem Weg zum Weltrekord über 3000 Meter Hindernis war etwas flotter unterwegs. Dennoch: Krause durfte sich als „Weltrekordlerin" feiern lassen.

Unter dem tosendem Jubel der 40.500 Zuschauer konnte sie es nicht fassen. „Ich bin richtig beflügelt und konnte gar nicht aufhören zu laufen. Das ist einfach nur unglaublich. Ich bin sprachlos", sagte die 27-Jährige nach dem Rennen. Schon donnerstags zuvor hatte Krause beim Diamond-League-Finale in Zürich den deutschen Rekord über 3000 Meter Hindernis auf 9:07,51 Minuten verbessert. Anfang September war klar. Der Formaufbau für die WM stimmte. „Die Form ist auf jeden Fall da. Jetzt ist das Wichtige, dass ich mir keine Verletzung zuziehe. Und dann hoffe ich, dass ich das, was sich jetzt hier andeutet, in Doha abrufen kann", sagte sie. Sie konnte …

Weltrekord!
Über die selten gelaufene 2000 Meter-Hindernis-Distanz blieb Gesa Felicitas Kraus in 5:52,80 Minuten deutlich unter der Sechs-Minuten-Marke und bewies gut vier Wochen vor der WM in Doha ihre starke Form

LEICHTATHLETIK 2019 Das ISTAF in Berlin

Aufsteigende Form zeigte Speerwurf-Ass Johannes Vetter (LG Offenburg) in Berlin. Mit 85,40 Meter verwies er als Tagessieger den Deutschen Meister Andreas Hofmann (MTG Mannheim/82,16 m) sowie Olympiasieger und Europameister Thomas Röhler (LC Jena/80,33 m) auf die Plätze drei und fünf. Vetter hatte sich in der laufenden Saison mit Rückenproblemen, Beschwerden mit dem Fuß und einer Adduktorenverletzung herumgeplagt.

Harting: Aus im Vorkampf

Rein gar nichts lief bei Christoph Harting zusammen. Schon nach drei Versuchen, der beste war 60,06 Meter weit, musste er sich vorzeitig verabschieden. Der neunte und letzte Platz stand zu Buche, bester Deutscher war beim Sieg des Polen Piotr Malachowski (65,17 m) David Wrobel (SC Magdeburg/63,43 m) als Dritter. Harting, 2016 in Rio noch Goldmedaillengewinner, hatte bereits zuvor gesagt, dass ihm ein WM-Start nicht unbedingt wichtig sei.

Luft nach oben sah derweil Sprint-Hoffnung und Vize-Europameisterin Gina Lückenkemper (SCC Berlin), die beim ISTAF über 100 Meter in ihrem Lauf in 11,15 Sekunden nur auf Rang vier gekommen war. Immerhin verpasste sie ihre Saisonbestleistung nur um eine Hundertstelsekunde. „Es war ein solides Rennen, aber da geht noch mehr. Ich hatte einige Fehler im Mittelteil. Es bleibt noch ein bisschen Arbeit bis zur WM", sagte Lückenkemper. Mit der 4x100-Meter-Staffel lief Lückenkemper später in überragenden 41,67 Sekunden zur zwischenzeitlichen Weltjahresbestleistung. Mit tollen Wechseln weckten Lisa Marie Kwayie (Neuköllner SF), Yasmin Kwadwo (TSV Bayer 04 Leverkusen), Tatjana Pinto (LC Paderborn) und Lückenkemper Hoffnungen auf WM-Edelmetall.

Das starke deutsche Gesamtergebnis rundeten zwei Europameister ab, die gut ein Jahr zuvor in diesem Stadion ihren bislang größten Triumph gefeiert hatten. Weitspringerin Malaika Mihambo (LG Kurpfalz) trat zwar nur zweimal zum Sprung in die Sandgrube an, kam dabei jedoch auf 6,99 Meter – das war der klare Sieg. Hochspringer Mateusz Przybylko (TSV Bayer 04 Leverkusen) egalisierte seine Saisonbestleistung von 2,30 Metern.

Aus internationaler Sicht lieferte Jamaikas Hürdensprinter Omar McLeod eines der besten Ergebnisse ab. In 13,07 Sekunden stürmte er über 110 Meter Hürden ins Ziel. In Doha hätte diese Zeit einen Monat später für den Mitfavoriten sogar zum WM-Titel gereicht. Doch bei der WM wurde McLeod im Finale disqualifiziert.

Völlig außer Form: Diskus-Olympiasieger Christoph Harting verabschiedete sich nach indiskutablen 60,06 Metern schon im Vorkampf

WM-Silbermedaille mit zehn Jahren Verspätung

Die frühere Hochspringerin Ariane Friedrich erhielt im Rahmen des ISTAF mit zehn Jahren Verspätung WM-Silber. Bei der Heim-WM 2009 in Berlin hatte Friedrich zunächst Bronze gewonnen, ehe die Russin Anna Chicherova wegen Dopings disqualifiziert wurde und die Deutsche einen Platz nach vorne rückte. Gold holte damals die Kroatin Blanka Vlasic. Bei der Verleihung war Friedrichs Tochter Amy (4) mit im Olympiastadion. „Das ist definitiv das Schönste – dass unser Nachwuchs jetzt dabei ist", sagte Friedrich, die bei der Übergabe Tränen in den Augen hatte. Friedrich hatte erst 2018 ihre Karriere offiziell beendet. 2009 hatte die heute 35-Jährige beim ISTAF im Olympiastadion mit 2,06 Metern den noch heute gültigen deutschen Rekord aufgestellt. Später bei der Heim-WM überquerte sie 2,02 Meter.

In WM-Form

So präsentierte sich nicht nur die deutsche Sprintstaffel mit Lisa Marie Kwayie, Gina Lückenkemper, Tatjana Pinto und Yasmin Kwadwo (v.l.n.r.), die pfeilschnelle 41,67 Sekunden rannten
Gute WM-Form zeigten der Frankfurter Luke Campbell (re.) als Sieger über 400 Meter Hürden (49,41 sec) und Mateusz Przybylko (li.), der 2,30 Meter meisterte. Bärenstark: Omar McLeod (Jamaika) mit 13,07 Sekunden über 110 Meter Hürden.

LEICHTATHLETIK 2019 Berlin fliegt!

Blaue Bahn und Rosinenbomber

Lisa-Marie Kwayie sprintete auf der blauen Bahn vorbei an einem der berühmten Rosinenbomber, mit denen die Berliner Bevölkerung 1948 und 1949 für 462 Tage während der Blockade durch die Sowjetunion per Luftbrücke mit dem Nötigsten versorgt wurde. Im Ziel stand für die Berlinerin zwischenzeitlich eine neue Bestzeit zu Buche: Ihre 11,28 verbesserte sie später bei den Deutschen Meisterschaften auf 11,22 Sekunden

Berliner Länderkampf: Bei „Berlin fliegt!" gewann das DLV-Team knapp vor Großbritannien, den USA und China. Damit wiederholten die Deutschen ihren Sieg aus dem Vorjahr. Die neunte Ausgabe dieses außergewöhnlichen Events fand erstmals auf dem stillgelegten Berliner Flughafen Tempelhof statt.

Teamspirit siegt

Von links: Torben Blech (TSV Bayer 04 Leverkusen), Malaika Mihambo (LG Kurpfalz), Lisa-Marie Kwayie (Neuköllner Sportfreunde) und Kevin Kranz (Sprintteam Wetzlar) und siegten mit 24 Punkten vor Großbritannien (23), den USA (15) und China (12) und sicherte sich damit wie im Vorjahr eine lukrative Siegerprämie in Höhe von 24.000 Euro

Take-off in Tempelhof

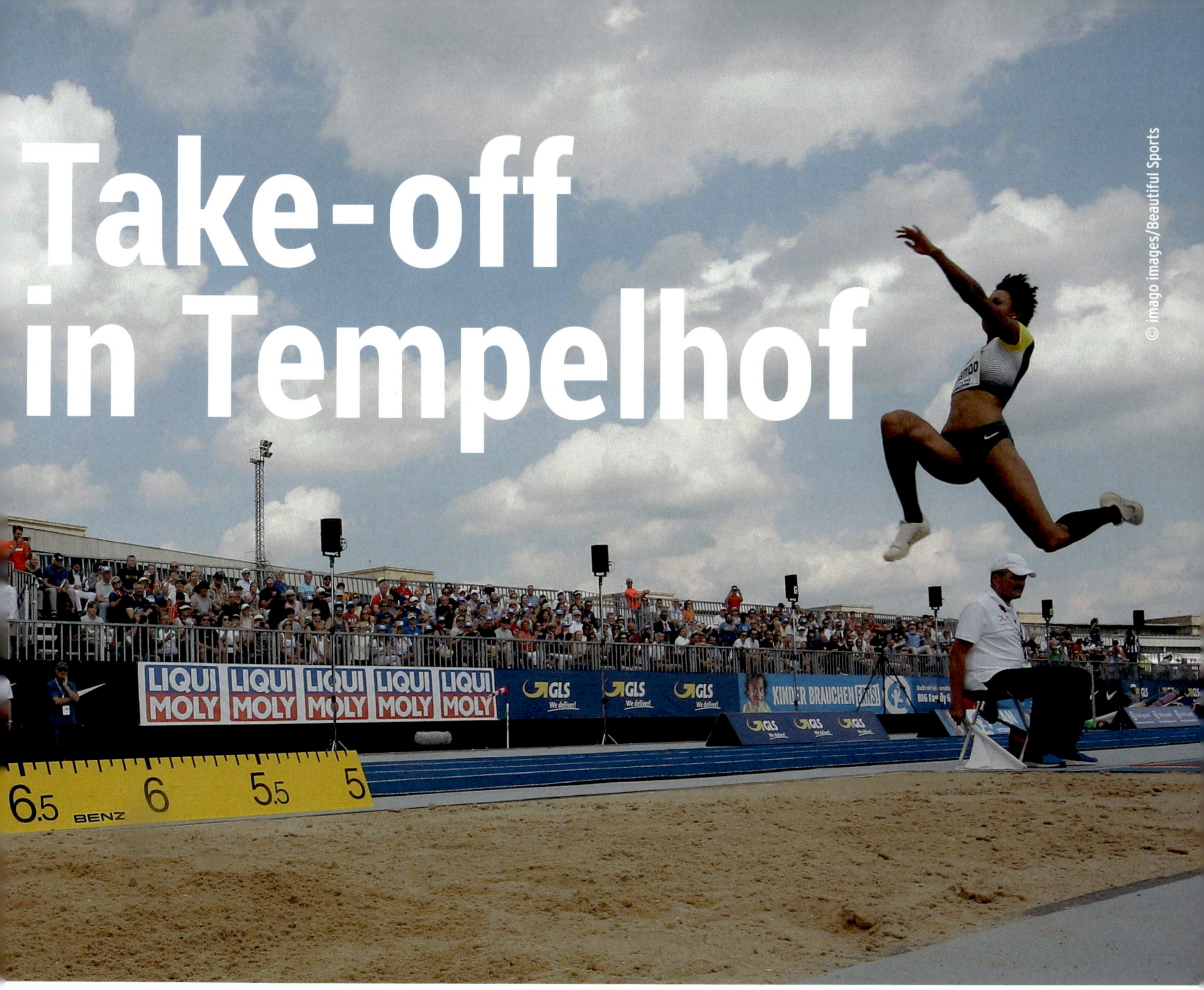

© imago images/Beautiful Sports

© imago images/Beautiful Sports

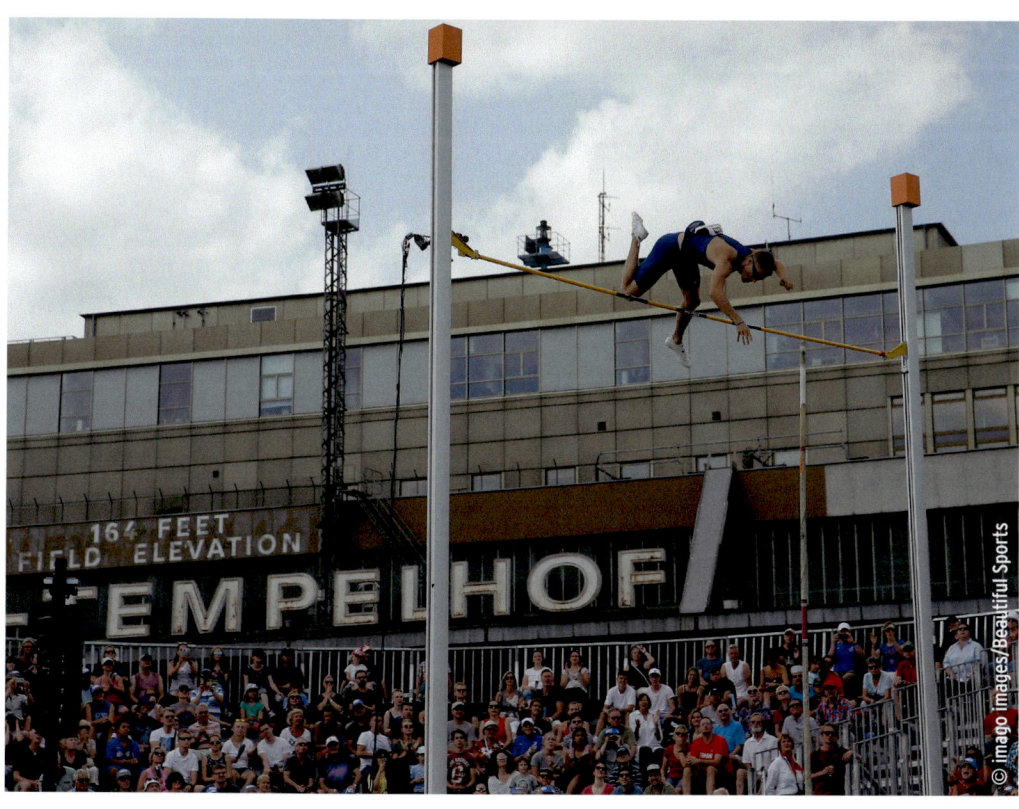

Höhenflüge vor historischer Kulisse

Malaika Mihambo legte im Weitsprung den Grundstein für den Sieg des DLV-Teams. An ihre 6,89 Meter kam keine der Konkurrentinnen heran – auch nicht die vierfache Weltmeisterin Brittney Reese (USA/6,68 m).
Die Stabhochspringer lieferten ihre Flugshow direkt vor dem alten Flughafengebäude ab. Hier springt der US-Amerikaner Scott Houston. Das bessere Ende hatte auch in dieser Disziplin das deutsche Team für sich: Torben Blech gewann mit 5,53 Metern

LEICHTATHLETIK 2019 Deutsche Hallenmeisterschaften in Leipzig

Mitreißend, packend, stimmungsvoll

Die Bilanz der Hallen-DM: Ein deutscher Rekord, eine Meisterschaftsbestleistung, zwei Weltjahresbestleistungen und sechs weitere Normen für die Hallen-EM in Glasgow. Dazu zweimal ein volles Haus in der Arena Leipzig mit jeweils 3.500 Zuschauern. Die 66. Deutschen Hallenmeisterschaften machten Lust auf mehr.

Das Highlight der Meisterschaften war ohne Frage der deutsche Hallenrekord von Konstanze Klosterhafen (TSV Bayer 04 Leverkusen). Sie steigerte ihre Bestmarke über 3000 Meter um fast vier Sekunden auf 8:32,47 Minuten und setzte sich damit zwischenzeitlich an die Spitze der Weltjahresbestenliste. Dass Alina Reh (SSV Ulm 1846) dahinter ihre Bestleistung ebenfalls um fast vier Sekunden (8:43,73 min) verbesserte, ging in der Begeisterung über Klosterhalfens Vorstellung fast unter.

Zahlreiche Bestleistungen

Kein Wunder also, dass Idriss Gonschinska, Generaldirektor Sport im Deutschen Leichtathletik-Verband (DLV), bei seiner Bilanz noch einmal explizit auf den Lauf der damals noch 21 Jahre jungen Ulmerin einging: „Neben dem deutschen Rekord von Konstanze Klosterhalfen und einer ebenfalls außergewöhnlichen Leistung von Alina Reh über 3000 Meter ist die Weltjahresbestleistung von Christina Schwanitz herauszuheben. Ihre Weite trotz Erkältung ist ein starkes Signal Richtung Doha. Generell haben die Wettkämpfe das Publikum mitgerissen. Ich wünsche mir immer solche Deutschen Hallenmeisterschaften."

Die Kugelstoß-Weltmeisterin von 2015 hatte am DM-Samstag ihre eigene Weltjahresbestmarke auf 19,54 Meter gesteigert und wurde bis zum Ende der Hallensaison auch nicht mehr übertroffen. Auch David Storl zeigte mit der zwischenzeitlichen europäischen Bestleistung von 21,32 Metern, dass weiter mit ihm zu rechnen ist. „Zudem hat Kristin Gierisch mit ihrer Leistung den deutschen Hallenrekord aus der Vorwoche bestätigt", so der DLV-Generaldirektor Sport. Die Chemnitzerin hatte am Samstag die Meisterschaftsbestleistung um 18 Zentimeter auf 14,38 Meter verbessert, zuvor war sie in Chemnitz 14,59 Meter weit gesprungen.

In Leipzig erfüllten sechs weitere Athleten die Normen für die Hallen-EM in Glasgow zwei Wochen später: Neben Konstanze Klosterhalfen schafften das Lisa-Marie Kwayie (Neuköllner SF) mit einer neuen persönlichen Bestleistung über 60 Meter (7,19 s), die Hochspringer Mateusz Przybylko (TSV Bayer 04 Leverkusen) und Falk Wendrich (LAZ Soest) mit übersprungenen 2,26 Metern, was für Wendrich ebenfalls Hausrekord bedeutete, 800-Meter-Läufer Christoph Kessler (LG Region Karlsruhe) mit 1:47,83 Minuten im Vorlauf sowie der Deutsch-Amerikaner Amos Bartelsmeyer (LG Eintracht Frankfurt) mit 7:54,39 Minuten über 3.000 Meter.

Idriss Gonschinska betonte aber, sich nicht nur an den Top-Leistungen orientieren zu wollen: „Wir haben bei vielen jungen Athleten Saisonbestleistungen oder persönliche Bestleistungen gesehen."

Überraschung Domogala

200-Meter-Meister Patrick Domogala (MTG Mannheim) hatte vor einigen Jahren zu den größten Sprinthoffnungen im DLV gehört. Unter anderem wurde er Dritter bei den ersten Olympischen Jugendspielen im Jahr 2010 über 200 Meter. Verletzungen verhinderten aber den weiteren Aufstieg. 2017 waren gar keine Rennen möglich. Im vergangenen Jahr meldete sich der mittlerweile 25-Jährige mit Bestzeit über 100 Meter zurück und stand in der DLV-Staffel bei der Heim-EM in Berlin. Bei der Hallen-DM in Leipzig überraschte er mit seinem ersten nationalen Titel bei den Männern über seine „alte Lieblingsstrecke". „Das Rennen war phänomenal. Es war mein erster Start in diesem Winter über diese Strecke. Nach dem Vorlauf bin ich schon am Stock gegangen, weil das Rennen so anstrengend war. Ich musste mich zusammenreißen. Dass dann im Finale 20,77 Sekunden herausgekommen sind, habe ich absolut nicht erwartet."

Und was kommt jetzt? „Das war mein erster deutscher Meistertitel bei den Männern, nachdem ich in der Jugend und U23 viel gewonnen hatte. Deshalb ist mir der Titel sehr viel wert. Das vergangene Jahr war ein Übergangsjahr, um wieder ranzukommen. Es war phänomenal, in Berlin dabei gewesen zu sein. Da möchte ich weitermachen. 2016 und 2017 war ich verletzt und komplett weg. Das A und O ist es, mich gesund zu behalten, und das bekommt mein Trainerteam gut hin."

Tolle Steigerung

Einen phänomenalen Auftritt legte auch Hochspringerin Imke Onnen hin. Zunächst steigerte sie ihre persönliche Bestleistung auf 1,94 Meter und hatte damit den Meistertitel schon sicher. Dann meisterte sie auch noch 1,96 Meter. Ungläubig starrte sie die Latte an – die wird doch nicht liegenbleiben? Tat sie aber. Sie schlug die Hände vors Gesicht, schrie ihr Glück hinaus und fiel ihrer Mutter und Trainerin Astrid Fredebold-Onnen in die Arme: „Ich kann es gar nicht fassen. Ich habe mich in den Wettkampf hineingesteigert. Es war ein richtiger Schock, als die Latte bei 1,96 Meter liegen geblieben ist", jubelte die 24-Jährige von Hannover 96 nach ihrem „perfekten Wettkampf". Zwischen 1,80 Meter und 1,96 Meter leistete sie sich lediglich einen Fehlversuch.

Das Verletzungspech der Pamela Dutkiewicz

Bei den Deutschen Hallenmeisterschaften verwies die Kämpfernatur vom TV Wattenscheid über 60 Meter Hürden Konkurrentin Cindy Roleder in ausgezeichneten 7,90 Sekunden auf Platz zwei. Ein paar Tage später folgte die Ernüchterung: Leistenprobleme verhinderten ihren Start bei der Hallen-EM, wo sie eine Medaillenkandidatin gewesen wäre. Kurz nach ihrem vielversprechenden Comeback in der Freiluftsaison folgte der nächste Rückschlag. Eine langwierige Verletzung auf der Innenseite des Oberschenkels machten alle Hoffnungen auf eine WM-Teilnahme in Doha zunichte. 2020 will die 28-Jährige wieder angreifen

Lisa Rizyh ist wieder da

Die EM in Berlin verpasste sie wegen eines Teilrisses der Achillessehne. In der Halle meldete sich zurück, übersprang mit kurzem Anlauf 4,63 Meter beim Meeting in Karlsruhe und gewann anschließend bei der Hallen-DM in Leipzig den Titel mit 4,60 Metern. Auf die Hallen-EM in Glasgow verzichtete sie. Im Sommer holte sich die Ludwigshafenerin den deutschen Freilufttitel (4,60 m) und bei der WM in Doha überstand sie souverän die Qualifiktion (4,60 m). Im Finale ging dann leider weniger: Die 31-jährige wurde 17.

Der Traumlauf von Wien

Eliud Kipchoge: Er ist Marathon-Weltrekordler, Marathon-Olympiasieger, hat 2019 den London-Marathon gewonnen. Und seit dem 12. Oktober 2019 ist Eliud Kipchoge auch der erste Mensch, der 42,195 Kilometer in weniger als zwei Stunden gelaufen ist.

LEICHTATHLETIK 2019 Die Stars der Saison

Perfekt organisiert zur historischen Leistung
41 Tempomacher waren für Eliud Kipchoge im Wiener Prater im Einsatz. Um das richtige Tempo zu laufen, mussten sie nur den mit Laser vom Auto auf die Straße projizierten Markierungen folgen. Verpflegt wurde Eliud Kipchoge vom Fahrrad aus

Nach dem Traumlauf in die sportliche Unsterblichkeit legte Eliud Kipchoge mit seiner Frau Grace ein flottes Tänzchen hin und sprintete dann leichtfüßig an den jubelnden Fans vorbei. Kenias Superstar sprühte noch immer vor Energie, nachdem er als erster Mensch in einem Marathon die Zwei-Stunden-Marke unterboten hatte.

Gerade war der 34-Jährige unter den Jubelstürmen der Zuschauer bei der „Ineos 1:59 Challenge" im Wiener Praterpark nach 1:59:40,2 Stunden ins Ziel gerannt. Es war ein Lauf, der die Welt in Atem hielt und faszinierte und von dem der gesamte Laufsport einen Schub bekommen wird. Auch wenn die Zeit nicht als offizieller Weltrekord gewertet werden kann, ist die Leistung einmalig.

Man kann nun spekulieren, ob Eliud Kipchoge jetzt auch unter regulären Bedingungen dazu in der Lage wäre, eine Zeit von unter zwei Stunden zu erreichen. Drei Dinge sind es, die eine offizielle Anerkennung der Zeit von Wien als Weltrekord nicht möglich machen: Es wurden wechselnde Tempomacher eingesetzt und die Trinkflaschen wurden ihm vom Fahrrad gereicht, was aber bis vor einigen Jahren auch bei offiziellen Weltrekorden so gehandhabt wurde. Der dritte Punkt, dass zwei Konkurrenten für einen offiziellen Wettkampf fehlten (Mindest-Starterzahl: drei), die nicht einmal ins Ziel kommen müssen, ist zu vernachlässigen.

Von einer „Steilkurve", die bei einer der Wenden im Prater eingebaut worden sei, war in vielen Medien zu lesen. Eine solche Kurve, wie es sie bei den 200-Meter-Rundbahnen in der Halle gibt, suchte man auf der Hauptallee im Prater vergeblich. Auch von „Laborbedingungen" wurde geschrieben. Das sieht zum Beispiel Arne Gabius, der deutsche Marathon-Rekordhalter (2:08:33 Stunden), ganz anders: „Das sind für mich keine Laborbedingungen, schließlich ist die Hauptallee im Prater eine Passage, auf der täglich hunderte Freizeitläufer rennen. Das ist doch ganz natürlich. Laborbedingungen gab es in meinen Augen bei den Weltmeisterschaften in Doha – dort wurde ein ganzes Stadion gekühlt!"

Ganz Kenia feierte seinen Held

Und Kipchoge? Dem war nur wichtig, sein Ziel erreicht zu haben. „Das ist der beste Moment meines Lebens", sagte er, „ich wollte der ganzen Welt die positive Botschaft senden, dass kein Mensch Grenzen hat." Vor allem für ihn selbst, den Olympiasieger, den Weltrekordler, den Allerschnellsten über die klassischen 42,195 Kilometer, gelten keine Grenzen. Als Eliud Kipchoge um 10:14 Uhr auf der Hauptallee des Wiener Praters mit den letzten sieben seiner insgesamt 41 Pacemakern im Schlepptau über die Ziellinie schwebte, fast 19 Sekunden vor der magischen Marke, brachen in seiner Heimat alle Dämme. Zehntausende bejubelten und betanzten in Eldoret die „Mondlandung" ihres Landsmannes, die Zeitungen brachten eilig Extraausgaben heraus, die Bars in Nairobi riefen Sonderpreise aus: 1590 Schilling (13,80 Euro) für die Flasche Johnny-Walker-Whisky, 159 Schilling für die Flasche Bier.

Die Begeisterung um Eliud Kipchoges Leistung war überall offensichtlich. „Wir sind stolz auf dich", sagte Kenias Vize-Präsident William Ruto auf einer Party, die am Samstagabend nahe der Ziellinie im Praterpark stattfand, zu Eliud Kipchoge. Das stellvertretende Staatsoberhaupt war extra nach Wien gereist, um den Lauf von Eliud Kipchoge zu erleben. Das zeigt, welche Bedeutung dieses Rennen in Kenia hatte. Für die Kenianer war das wohl so wie für die Deutschen der Gewinn einer Fußball-Weltmeisterschaft. „Ich stand im Ziel und schaute die lange Straße hinunter. Die Uhr tickte und war bei 1:58 Stunden – du warst nicht zu sehen …", erzählte William Ruto über das Finale des Rennens. „Ich habe mich gefragt: Wo bist du? Was sagen wir jetzt, wenn es doch nicht klappt? Danke dafür,

Familienbande
Erstmals waren Eliud Kipchoges Ehefrau und ihre drei Kinder bei einem großen Marathon dabei. Im Ziel empfing ihn seine Grace dann jubelnd mit einer kenianischen Flagge

„*Das ist der beste Moment meines Lebens. Kein Mensch hat Grenzen.*"

Eliud Kipchoge nach seinem Lauf in die Geschichtsbücher

Zwei, die im Herbst 2019 Marathon-Geschichte schreiben sollten, …

… gewannen im Frühjahr bereits den London-Marathon. Eliud Kipchoge triumphierte im April an der Themse in 2:02:37 Stunden. Er war da schon der erste Kandidat für einen Marathon unter zwei Stunden. Brigid Kosgei lief in 2:18:20 Stunden zwar eine tolle persönliche Bestzeit, aber niemand hatte es damals für möglich gehalten, dass sie knapp fünf Monate später den 2003 von Paula Radcliffe in London aufgestellten Weltrekord in Chicago mit 2:14:04 Stunden pulverisieren würde

MEILENSTEINE IM MARATHONLAUF DER MÄNNER

Erster Olympiasieger
| 2:58:50 | Spiridon Louis (Griechenland) | 10. April 1896 | Athen |

Erster offizieller Weltrekord
| 2:55:18,4 | Johnny Hayes (USA) | 24. Juli 1908 | London |

Erster Marathon unter 2:45 Stunden
| 2:42:31,0 | Henry Barrett (Großbritannien) | 26. Mai 1909 | London |

Erster Marathon unter 2:30 Stunden
| 2:29:01,8 | Albert Michelsen (USA) | 12. Oktober 1925 | Port Chester (USA) |

Erster Marathon unter 2:20 Stunden
| 2:18:40,4 | Jim Peters (USA) | 13. Juni 1953 | London |

Erster Marathon unter 2:15 Stunden
| 2:14:28 | Leonard Edelen (USA) | 15. Juni 1963 | London |

Erster Marathon unter 2:10 Stunden
| 2:09:36,4 | Derek Clayton (Australien) | 3. Dezember 1967 | Fukuoka |

Erster Marathon unter 2:05 Stunden
| 2:04:55 | Paul Tergat (Kenia) | 28. September 2003 | Berlin |

Aktueller Weltrekord
| 2:01:39 | Eliud Kipchoge (Kenia) | 16. September 2018 | Berlin |

Erster Marathon unter 2:00 Stunden (keine offizieller Weltrekord)
| 1:59:40,2 | Eliud Kipchoge (Kenia) | 12. Oktober 2019 | Wien |

dass du es möglich gemacht hast!" Und Ruto sagte zur Erheiterung der Gäste: „Du musst dich jetzt erholen. Aber wir müssen uns auch alle erholen – vom Mitfiebern."

Der Vize-Präsident fügte noch hinzu: „Hier in Wien wurde groß gefeiert – aber das ist fast nichts im Vergleich zu dem Jubel in Kenia." Im Internet finden sich Videos, die zeigen, wie in Eldoret viele tausend Menschen beim Public Viewing ausflippen. Auch in der Hauptstadt Nairobi kam der Verkehr teilweise zum Erliegen, weil die Menschen auf der Straße tanzten. Doch selbst in Wien wurde noch um ein Uhr früh auf der Straße vor dem Hotel, in dem Eliud Kipchoge untergebracht war, lautstark gesungen: „There's only one Kipchoge …"

Eliud Kipchoge bedankte sich bei allen Beteiligten, die ihn auf dem Weg zur Marathon-Traumzeit unterstützt hatten – besonders aber bei seinen Tempomachern: „Wir kamen als Team zusammen und nur dadurch wurde es möglich. Ich habe gezeigt: No human is limited. Ich war der Erste. Aber ich glaube jetzt, es werden weitere Athleten kommen, die unter zwei Stunden laufen werden."

In Wien waren 20.000 Zuschauer an der Strecke Augenzeugen des geschichtsträchtigen Ereignisses geworden, einer Leistung, an der Kipchoge selbst nie gezweifelt hatte. Spätestens als er im Vorjahr in Berlin den „regulären" Marathon-Weltrekord auf 2:01:39 Stunden gedrückt hatte, sei er von der Machbarkeit überzeugt gewesen. Im Rennen sei er „ruhig geblieben und habe einfach das Tempo gehalten".

Und wie irrsinnig dieses Tempo war: 422-mal in Folge lief Kipchoge 100 Meter in 17 Sekunden, jeden Kilometer in 2:50 Minuten. Dass ein Mensch dazu in der Lage ist, war für die ferne Zukunft erwartet worden, für das Jahr 2050 oder 2100. Kipchoge hat die Leichtathletik-Zeit vorgedreht. „65 Jahre seit Roger Bannister hat es gedauert, bis ein Mensch wieder so eine Geschichte geschrieben hat", sagte Kipchoge – der legendäre Brite Bannister war 1954 als Erster die Meile unter vier Minuten gelaufen.

In Wien endete die Jagd nach dem Weißen Wal des Marathons. Seit fast einem Jahrzehnt hatten verschiedene Projekte jene zwei Stunden als Ziel gehabt, 2017 war Kipchoge bei einem Versuch seines Hauptsponsors Nike in Monza knapp gescheitert (2:00:25 h). Es war der entscheidende „Fehlschlag", Kipchoge und sein Team drehten an kleinsten Schrauben.

Vorbild für andere Disziplinen?

Fast alle Risikofaktoren waren in Wien ausgeschaltet worden, Kipchoge wurde von Dutzenden Weltklasseläufern abgeschirmt, die Strecke war bis ins kleinste Detail auf Tempo getrimmt. Im Hintergrund wirkte das große Geld: Nike hatte 2017 rund 30 Millionen Euro investiert, die vom Chemie-Giganten Ineos in Wien investierte Summe dürfte deutlich darüber liegen.

Kipchoge hat eine Grenze verschoben, andere Grenzen können in Angriff genommen werden: Neun Meter im Weitsprung, 2,50 Meter im Hochsprung, 8,99 Sekunden über 100 Meter – Wissenschaftler dürften sich bemüßigt fühlen, in weiteren Disziplinen Laborbedingungen zu schaffen, auf reguläre Rekorde zu pfeifen, dafür das theoretisch Machbare anzupeilen.

Und auch im Marathon ist die Rekordjagd längst nicht beendet, die Zwei-Stunden-Marke in einem traditionellem Wettkampf ist nun das Ziel. Dass dies machbar ist, haben Kipchoge in Berlin und jüngst Kenenisa Bekele (2:01:41 h) an gleicher Stelle bereits angedeutet. „Ich rechne fest damit", sagte Kipchoge, „dass nun Athleten weltweit unter zwei Stunden laufen werden."

Allerdings: Es ist kein Läufer in Sicht, der die Vormachtstellung von Eliud Kipchoge angreifen könnte. Nachdem er 2018 in Berlin den Weltrekord auf 2:01:39 Stunden gesteigert hatte, siegte er im Frühjahr auch beim London-Marathon. Mit 2:02:37 Stunden erzielte der Kenianer einen Streckenrekord. Der 34 Jahre alte Olympiasieger hat elf seiner zwölf offiziellen Marathons gewonnen.

Nächstes Ziel: Das zweite Gold

Die Londoner Veranstalter verzeichneten bei der 39. Auflage des Rennens mit über 42.000 Läufern im Ziel am Buckingham Palast mehr Finisher als jemals zuvor. Einen einmaligen Rekord gab es auch beim „Charity-Running" in London. Seit Beginn des Rennens sammelten die Teilnehmer des Rennens mehr als eine Milliarde Pfund. Keine andere Veranstaltung weltweit generiert derartig hohe Spendensummen wie der London-Marathon, wo das Laufen für den guten Zweck von Beginn an ein fester Bestandteil der Veranstaltungskonzeptes war.

Marathon ist in. Und auch Eliud Kipchoge wird der Szene noch länger erhalten bleiben. Bereits vor der „Ineos 1:59 Challenge" hatte er klargestellt, dass dies nicht sein letzter Marathon sein würde. Aller Voraussicht nach wird der Kenianer im nächsten Jahr bei den Olympischen Spielen in Tokio als Titelverteidiger an den Start gehen. Aufgrund der hammerharten Wetterbedingungen, die in Tokio im Hochsommer zu erwarten sind, sagte sein holländischer Manager Jos Hermens: „Man muss dann sehen, wie er das übersteht."

Daher sei derzeit auch überhaupt nicht abzusehen, ob Eliud Kipchoge vielleicht dann noch einmal einen Versuch unternehmen könnte, unter rekordkonformen Bedingungen die Zwei-Stunden-Barriere anzugreifen. Der Asphalt der extra für das Rennen in Wien neu geteerten Hauptallee im Praterpark wird aber sicher ein paar Jahre halten …

Große Auszeichnung in Monaco

Im Februar wurde Eliud Kipchoge von der Laureus World Sports Academy für seine Leistung beim BMW Berlin-Marathon 2018 mit dem *Laureus Academy Exceptional Achievement Award* bedacht. Er hatte in 2:01:39 Stunden den bis dahin gültigen Marathon-Weltrekord um 1:18 Minuten unterboten. Mit der Auszeichnung reihte sich der Kenianer unter Sport-Weltstars wie Tennisspieler Novak Djoković oder Golflegende Tiger Woods ein

ALLE MARATHONRENNEN VON ELIUD KIPCHOGE

Zeit	Ort	Datum
1:59:40,2	Wien (inoffiziell)	12.10.2019
2:00:25	Monza (inoffiziell)	06.05.2017
2:01:39	Berlin (1.)	16.09.2018
2:02:37	London (1.)	28.04.2019
2:03:05	London (1.)	24.04.2016
2:03:32	Berlin (1.)	24.09.2017
2:04:00	Berlin (1.)	27.09.2015
2:04:05	Berlin (2.)	29.09.2013
2:04:11	Chicago (1.)	12.10.2014
2:04:17	London (1.)	22.04.2018
2:04:42	London (1.)	26.04.2015
2:05:00	Rotterdam (1.)	13.04.2014
2:05:30	Hamburg (1.)	21.04.2013
2:08:44	Rio de Janeiro (1. OS)	21.08.2016

LEICHTATHLETIK 2019 Die Stars der Saison

Neuer Stern am Marathon-Himmel

Melat Kejeta: Die Athletin vom Laufteam Kassel war die Lauf-Entdeckung des Jahres. Beim 46. BMW Berlin-Marathon gelang der 27-Jährigen, die als Flüchtling aus Äthiopien nach Deutschland gekommen war, ein fantastisches Marathondebüt: In 2:23:57 Stunden wurde sie zur drittschnellsten deutschen Marathonläuferin aller Zeiten. Nur Irina Mikitenko und Uta Pippig waren jemals schneller.

Ihre Ankündigung vor dem 46. BMW Berlin-Marathon hatte für großes Erstaunen bei den Besuchern der Pressekonferenz gesorgt: In 2:22 Stunden wolle sie ihren ersten Marathon überhaupt finishen, hatte Melat Kejeta verkündet. Und so mancher Experte glaubte sogar an ein Missverständnis, weil Kejetas deutsch noch nicht akzentfrei und perfekt ist. Aber die in Äthiopien aufgewachsene Läuferin, die als Flüchtling nach Deutschland gekommen ist, wusste genau, was sie da sagte. Und sie wusste auch, dass sie das kann. Denn das hatte ihr nach einem zweimonatigen Trainingslager in Kenia kein Geringerer als Patrick Sang attestiert, der Trainer von Marathon-Weltrekordler Eliud Kichoge.

Der Kenianer schätzte ihr Marathon-Leistungsvermögen auf 2:19 bis 2:22 Stunden, nachdem er sie ein paar Wochen lang beim Training in Eldoret beobachtet hatte. Und Patrick Sang kennt sich aus. Schließlich ist der ehemalige Weltklasse-Hindernisläufer auch der Mann hinter den großartigen Leistungen von Eliud Kipchoge. Der Olympiazweite von 1992 coacht den Weltrekordler, der 2018 beim Berlin-Marathon den Weltrekord auf 2:01:39 Stunden verbesserte.

Ganz so schnell wie erhofft war Melat Kejeta dann auf den Berliner Straßen zwar nicht, aber ihre 2:23:57 Stunden

sind immer noch das schnellste Marathondebüt einer deutschen Läuferin. Mit Irina Mikitenko und Uta Pippig waren lediglich die zwei stärksten deutschen Marathonläuferinnen der vergangenen 30 Jahre überhaupt schneller als die Athletin vom Laufteam Kassel, die zwei Tage vor dem Berlin-Marathon ihren 27. Geburtstag feierte.

Das hatte auch eine der 92 Bands

Den Größten auf den Fersen
Drei Tage vor dem Berlin-Marathon hatte Melat Kejeta vor der Presse verkündet, sie wolle gleich in ihrem ersten Rennen über 42,195 Kilometer 2:22 Stunden laufen. Sie ließ den großen Worten Taten folgen. Mit 2:23:57 Stunden schloss sie direkt zu Irina Mikitenko und Uta Pippig auf. Mikitenko stellte 2008 in Berlin mit 2:19:19 Stunden den immer noch gültigen deutschen Rekord auf. Uta Pippig wurde 2017 vom Berlin-Marathon wegen ihrer Erfolge (Siege bei den Marathonrennen in Berlin, New York und Boston) in die „Hall of Fame" aufgenommen

© imago images/Andreas Gora

mitbekommen, die in Berlin am Straßenrand für Sportler und Zuschauer aufspielen. „Irgendwo bei Kilometer drei habe ich plötzlich einen Happy-Birthday-Song gehört, da habe ich mich schon sehr gefreut", erzählte die in Äthiopien geborene Läuferin, die seit März die deutsche Staatsbürgerschaft hat.

Danach war sie aber ganz schnell wieder vollkommen in ihrem Rennen. Lange Zeit lief sie in der Spitzengruppe der Frauen mit. Als die späteren Erstplatzierten Ashete Bekere, Mare Dibaba (beide Äthiopien) und Sally Chepyego (Kenia) ein Tempo aufnahmen, das Richtung 2:20 Stunden gehen sollte, lief sie tapfer ihr eigenes Rennen zu Ende. Richtig schwer wurde es erst bei Kilometer 37. „Da fingen meine Muskeln an zu schmerzen", sagte sie. Aber die letzten fünf Kilometer können sich Marathonläufer eben durchbeißen.

Auch das hat Melat Kejeta in Kenia gelernt. Trainingsläufe bis zu 40 Kilometern absolvierte sie dort in Höhen von über 2.000 Metern – und das immer mit den stärksten Trainingspartnern, die sich weltweit finden lassen. Ihr Wochenpensum waren 180 bis 200 Kilometer. Sie hat sich sogar an Ugali gewöhnt, jenen legendären Maisbrei, der das Grundnahrungsmittel der Kenia-Läufer ist.

Kartoffeln als Leibspeise
Normalerweise bevorzugt sie Kartoffeln. Pellkartoffeln mit Spinat sind ihr Leibgericht. Da ist sie schon sehr deutsch geworden, seitdem sie vor sechs Jahren nach Deutschland gekommen ist. In Äthiopien hatte ihre Familie mit der politischen Situation zu kämpfen. Deshalb blieb sie nach einem Wettkampf in Italien, kam nach Deutschland und beantragte Asyl. Ihrem Antrag wurde stattgegeben. Später lernte sie im Regionalexpress zwischen Kassel und Frankfurt ihren Ehemann kennen. Auch mit dem Sport begann sie wieder, obwohl sie sich zwischenzeitlich als Putzfrau durchschlagen musste.

Von Aufenanger entdeckt
Dann wurde der ehemalige Marathon-Bundestrainer Winfried Aufenanger auf sie aufmerksam. In ihrer neuen Heimat Kassel wird sie seitdem von ihm trainiert. Ihren bis dahin größten Erfolg feierte sie 2018 mit dem Triumph beim Berliner Halbmarathon. Wenige Wochen zuvor war sie in Venlo in 1:08:41 Stunden Halbmarathon-Bestzeit gelaufen. Ermöglicht wird die Entwicklung von Melat Kejeta auch von einem Hobbyläufer aus Kassel, der mit seinem Immobilien-Unternehmen Spitzenläufer in seiner Heimatstadt unterstützt. Lars Bergmann ist Eigentümer der Immovation AG und steckt so ziemlich den kompletten Sponsoring-Etat seines Unternehmens in den Kassel-Marathon und das Laufteam Kassel, dem neben Melat Kejeta auch Jens Nerkamp angehört.

Der 30-Jährige war nach dem vorzeitigen Ausstieg Philipp Pfliegers (Rückenprobleme, die ins rechte Bein ausstrahlten) in Berlin der beste Deutsche. Mit 2:14:54 Stunden lief er auf Platz 37 und pulverisierte seine alte Bestzeit von 2:17:18 Stunden geradezu. Der Student (Germanistik und Politikwissenschaften) war etwas enttäuscht, in Berlin quasi anonym ins Ziel gelaufen zu sein. „Normalerweise gibt es für den schnellsten Deutschen ja noch mal ein Zielband, aber als ich ins Ziel kam, hat das wohl keiner bemerkt", meinte der 30-Jährige.

Für Melat Kejeta dürfte dieser BMW Berlin-Marathon der Startschuss für eine Karriere in ganz anderen Sphären sein. Dass sie ein Faible für weite Distanzen besitzt, weiß sie allerdings schon viel länger. „In Äthiopien hat mein Coach mal zu mir gesagt: Du hast Marathon-Beine." Seitdem träumt sie von den ganz großen Marathonrennen. Und von Anfang an wollte sie viel mehr als nur dabei sein.

Die Dibabas als Vorbilder
Als Teenager hat sie in den Nuller-Jahren verfolgt, wie die Dibaba-Schwestern Tirunesh und Ejegayehu reihenweise Olympia- und WM-Medaillen für Äthiopien geholt haben. „Ich wollte immer so werden wie sie", schwärmt sie noch heute. In Berlin machte sie einen Schritt in diese Richtung. Mit dem Unterschied, dass sie nicht für Äthiopien, sondern für Deutschland erfolgreich laufen wird. Das Ticket für die Olympischen Spiele 2020 in Tokio dürfte sie mit der Leistung von Berlin gelöst haben. Und auf dem Weg dahin will sie im Frühjahr noch in London Marathon laufen. Mit kleinen Zielen gibt sie sich nicht ab. Das dürften nach dem Berliner Marathon-Wochenende 2019 alle verstanden haben.

EWIGE DEUTSCHE TOP TEN FRAUEN-MARATHON

Zeit	Name	Datum	Ort
2:19:19	Irina Mikitenko (TV Wattenscheid)	28.09.2008	Berlin
2:21:45	Uta Pippig (SCC Berlin)	18.04.1994	Boston
2:23:57	Melat Kejeta (Laufteam Kassel)	28.09.2019	Berlin
2:24:35	Katrin Dörre-Heinig (SC DHfK Leipzig)	25.04.1999	Hamburg
2:25:42	Fate Tola Geleto (LG Braunschweig)	30.10.2016	Frankfurt
2:26:01	Luminita Zaituc (LG Braunschweig)	28.10.2001	Frankfurt
2:26:13	Sonja Oberem (TSV Bayer 04 Leverkusen)	22.04.2001	Hamburg
2:26:21	Sabrina Mockenhaupt (Kölner Verein f. Marathon)	26.09.2010	Berlin
2:26:44	Anna Hahner (RUN2SKY.com)	28.09.2014	Berlin
2:27:26	Katharina Steinruck (Eintracht Frankfurt)	27.10.2019	Frankfurt

LEICHTATHLETIK 2019 46. BMW Berlin-Marathon

Den Weltrekord nur um zwei Sekunden verpasst: Das sensationelle Comeback von Kenenisa Bekele

Auch wenn sein furioser Schlussspurt nicht mehr ganz reichte, um den Marathon-Weltrekord zu knacken, lief Kenenisa Bekele ein sensationelles Rennen: Nach 2:01:41 Stunden überquerte er die Ziellinie kurz hinter dem Brandenburger Tor und verfehlte den Weltrekord um die Winzigkeit von zwei Sekunden. Kein Wunder also, dass dem 37 Jahre alten Äthiopier im Ziel eher der Frust über die verpasste Gelegenheit anzusehen war als Freude über seine grandiose Leistung. Die kam dann später – auch wenn er natürlich weiterhin ein wenig haderte: „Ich bin sehr glücklich, aber natürlich auch ein bisschen enttäuscht", sagte Bekele. Während des Rennens hatte es eine Zeit lang gar nicht nach einem Sieg Bekeles ausgesehen. Sein Oberschenkel zwickte und seine zwei jüngeren Landsleute Birhanu Legese und Sisay Lemma schienen wegzuziehen. Doch der „alte Mann" schlug zurück: „Ich wollte zeigen, dass meine Karriere noch nicht vorbei ist." Und schickte noch eine Kampfansage an den kenianischen Weltrekordler Eliud Kipchoge hinterher, der ein Jahr zuvor in Berlin 2:01:39 Stunden gelaufen war: „Ich weiß, dass ich noch schneller laufen kann." Vielleicht treffen die beiden ja bei Olympia 2020 in Tokio aufeinander.

Neue Rekorde im Tiergarten

46.983 Läuferinnen und Läufer aus 150 Nationen hatten sich für den für den 46. BMW Berlin-Marathon 2019 angemeldet. Damit brachen mehr Teilnehmer als je zuvor auf der Straße des 17. Juni zu ihren 42,195 Kilometern durch die deutsche Hauptstadt auf. 44.065 von ihnen erreichten das Marathonziel am Brandenburger Tor. 30.775 Männer und 13.290 Frauen sorgten für diesen Finisher-Rekord. Unter ihnen war eine, die es schaffte, das millionste Finish in der seit 1974 währenden Geschichte des Berlin-Marathons zu vollenden: Ali Crandall aus dem kanadischen Toronto kam um 14:07:33 Uhr nach 3:55:16 Stunden ins Ziel am Brandenburger Tor. Insgesamt verzeichnete der Berlin-Marathon am 28. und 29. September in den verschiedenen Wettbewerben (Kinderläufe, Inlineskating etc.) 62.444 Teilnehmer sowie circa 11.000 Teilnehmer beim Frühstückslauf, für den keine Anmeldung erforderlich war.

LEICHTATHLETIK 2019 Die Stars der Saison

Sieg auch in London
Vor ihrer sensationellen Steigerung in Chicago hat Brigid Kosgei im Frühjahr den London-Marathon in 2:18:20 Stunden gewonnen

Unfassbar schnell

Brigid Kosgei: Ihre Steigerung beim Chicago-Marathon war eine der größten Sensationen der Saison 2019 – in 2:14:04 Stunden pulverisierte die Kenianerin den Weltrekord von Paula Radcliffe.

Brigid Kosgei ist die neue Marathon-Weltrekordlerin. Am 13. Oktober gewann die 25 Jahre alte Kenianerin den Chicago-Marathon in sensationellen 2:14:04 Stunden. Die Britin Paula Radcliffe hatte über 16 Jahre lang den Weltrekord über die 42,195 Kilometer gehalten. Sie war 2003 in London 2:15:25 Stunden gelaufen. Seitdem war nie eine Läuferin in die Nähe dieser Zeit gekommen. Es gab vor dem Chicago-Marathon kein anderes Ergebnis einer Frau unter 2:17 Stunden.

Einen Tag nachdem ihr Landsmann Eliud Kipchoge nicht unerwartet in Wien in einem inoffiziellen Rennen als erster Läufer die 42,195 Kilometer unter zwei Stunden gelaufen war (1:59:40,2), sorgte seine kenianische Landsfrau Brigid Kosgei in Chicago für eine wirkliche Sensation. Die Läuferin hatte beim London-Marathon im April ihre Bestzeit von 2:18:20 Stunden aufgestellt und war nun gleich über vier Minuten schneller.

Aufgrund ihrer kurz zuvor erzielten Halbmarathon-Zeit von 64:28 Minuten in Newcastle war allerdings mit einer deutlichen Steigerung von Brigid Kosgei zu rechnen. Dies ist die schnellste je gelaufene Zeit über die 21,0975-Kilometer-Distanz. Das Ergebnis konnte jedoch nicht als Weltrekord anerkannt werden, da die Strecke nicht die entsprechenden Kriterien erfüllt. Dass Brigid Kosgei in Chicago aber den Weltrekord von Paula Radcliffe gebrochen hat und dies auch noch so deutlich, war eine große Überraschung. Mit 2:14:04 hatte sie einen großen Vorsprung von weit über sechs Minuten auf die Äthiopierinnen Ababel Yeshaneh (2:20:51) und Gelete Burka (2:20:55).

Steigerung um zehn Minuten

Eine sehr deutliche Steigerung von über zehn Minuten gelang in Chicago Anke Esser (Ostbevern). Mit einer Bestzeit von 2:43:14 ins Rennen gegangen, kam sie nach 2:32:06 Stunden ins Ziel und erreichte damit immerhin Rang 13. In der ersten Hälfte lief Anke Esser sogar noch deutlich schneller. Die Halbmarathonmarke passierte sie bereits nach 1:13:52 Stunden, so dass sie auf Kurs lag für die internationale Olympia-Norm von 2:29:30 und für eine Top-10-Platzierung. Doch sie konnte dieses ambitionierte Tempo nicht halten und wurde in der Folge immer langsamer. Immerhin brach

Paula Radcliffe ist entthront

2003 war die Britin Paula Radcliffe (unten) beim London-Marathon 2:15:25 Stunden gelaufen. In den folgenden 16 Jahren war keine Läuferin auch nur in die Nähe dieser Marke gekommen. Bis zum 13. Oktober 2019, als Brigid Kosgei den Weltrekord auf unfassbare 2:14:04 Stunden verbesserte

LEICHTATHLETIK 2019 Die Stars der Saison

Anke Esser nicht völlig ein, sodass sie in 2:32:06 Stunden ins Ziel kam. Sie könnte im nächsten Frühjahr die Olympia-Norm angreifen.

Das weit weniger spektakuläre Rennen der Männer gewann Lawrence Cherono (Kenia) in 2:05:45 Stunden ganz knapp vor Dejene Debela (Äthiopien), der nur eine Sekunde Rückstand hatte. Dritter wurde Asefa Mengstu (Äthiopien) in 2:05:48. Auch der viertplatzierte Kenianer Bedan Karoki blieb mit 2:05:53 noch unter 2:06 Stunden. Titelverteidiger Mo Farah (Großbritannien), der vor einem Jahr in Chicago mit der aktuellen Europa-Rekordzeit von 2:05:11 Stunden gewonnen hatte, verlor bereits deutlich vor der 15-Kilometer-Marke den Kontakt zur Spitzengruppe. Am Ende kam er nicht über Rang acht in 2:09:58 hinaus. Im Hinblick auf den Olympia-Marathon in Tokio im nächsten Sommer ist dies ein Rückschlag für Mo Farah.

Kurs auf 2:10 Stunden

Brigid Kosgei stürmte gleich zu Beginn davon und ließ ihren Konkurrentinnen keine Chance. Nach 15:28 Minuten hatte sie den Fünf-Kilometer-Punkt erreicht. Das ist ein Tempo für eine Marathon-Endzeit von 2:10 Stunden – also schneller als die internationale Olympia-Norm der Männer! Oftmals haben sich in der Vergangenheit Läuferinnen mit einem viel zu schnellen Anfangstempo das Rennen ruiniert, weil sie dann später eingebrochen sind. Doch Brigid Kosgei schaffte es irgendwie, das Tempo zunächst etwas zu reduzieren, dann aber auf extrem hohen Niveau zu halten und einen Einbruch zu vermeiden.

Sie lag mit ihren Zwischenzeiten durchweg klar unter der Weltrekordzeit von Paula Radcliffe und erreichte die Halbmarathonmarke nach 66:59 Minuten. In der zweiten Hälfte wurde sie nicht langsamer und siegte schließlich in 2:14:04. Vor einem Jahr hatte sie sich bei ihrem Sieg in Chicago auf 2:18:35 Stunden verbessert und dabei erstmalig die 2:20-Stunden-Barriere unterboten. Dann folgte ihr London-Sieg im April mit 2:18:20. „Ich habe nicht erwartet, dass ich so schnell laufen könnte", sagte Brigid Kosgei nach ihrem Fabel-Weltrekord in Chicago.

Radcliffe gratuliert im Ziel

„Als ich sah, wie schnell Brigid die erste Hälfte lief, wusste ich, dass der Weltrekord fallen würde", sagte Paula Radcliffe gegenüber der BBC. Die bisherige Weltrekordlerin war eine der ersten Gratulantinnen von Brigid Kosgei im Ziel in Chicago.

Royale Glückwünsche beim Triumph in England

Wer den London-Marathon gewinnt, erhält die Sieger-Trophäe aus den Händen eines Mitgliedes der königlichen Familie. Brigid Kosgei wurde von Prinz Harry geehrt

LEICHTATHLETIK 2019 Die WM-Ergebnisse von Doha

Männer

100 Meter (+0,6) | 28.09.2019
1.	Christian Coleman (USA)	9,76
2.	Justin Gatlin (USA)	9,89
3.	Andre de Grasse (Kanada)	9,90
4.	Akani Simbine (Südafrika)	9,93
5.	Yohan Blake (Jamaika)	9,97
6.	Zharnel Hughes (Großbritannien)	10,03
7.	Filippo Tortu (Italien)	10,07
8.	Aaron Brown (Kanada)	10,08

200 Meter (+0,3) | 01.10.2019
1.	Noah Lyles (USA)	19,83
2.	Andre De Grasse (Kanada)	19,95
3.	Alex Quinonez (Ecuador)	19,98
4.	Adam Gemili (Großbritannien)	20,03
5.	Ramil Guliyev (Türkei)	20,07
6.	Aaron Brown (Kanada)	20,10
7.	Zhenye Xie (China)	20,14
8.	Kyle Greaux (Trinidad & Tobago)	20,39

VL: 34. Steven Müller (Deutschland) 20,69

4x100 Meter | 05.10.2019
1.	USA (Coleman, Gatlin, Rodgers, Lyles)	37,10
2.	Großbritannien (Gemili, Hughes, Kilty, Mitchell-Blake)	37,36
3.	Japan (Tada, Shiraishi, Kiryu, Sani Brown)	37,43
4.	Brasilien	37,72
5.	Südafrika	37,73
6.	China	38,07
	Niederlande	DQ
	Frankreich	DNF

VL: 12. Deutschland 38,24
(Reus, Hartmann, Schmidt, Schulte)

400 Meter | 04.10.2019
1.	Steven Gardiner (Bahamas)	43,48
2.	Anthony José Zambrano (Kolumbien)	44,15
3.	Fred Kerley (USA)	44,17
4.	Demish Gaye (Jamaika)	44,46
5.	Kirani James (Grenada)	44,54
6.	Emmanuel Kipkurui Korir (Kenia)	44,94
7.	Machel Cedenio (Trinidad & Tobago)	45,30
8.	Akeem Bloomfield (Jamaika)	45,36

4x400 Meter | 06.10.2019
1.	USA (Kerley, Chery, London, Benjamin)	2:56,69
2.	Jamaika (Bloomfield, Allen, Thomas, Gaye)	2:57,90
3.	Belgien (Sacoor, Vanderbemden, Borlée D., Borlée K.)	2:58,78
4.	Kolumbien	2:59,50
5.	Trinidad&Tobago	3:00,74
6.	Italien	3:02,78
7.	Frankreich	3:03,06
	Großbritannien	DNF

800 Meter | 01.10.2019
1.	Donavan Brazier (USA)	1:42,34
2.	Amel Tuka (Bosnien und Herzegowina)	1:43,47
3.	Ferguson Cheruiyot Rotich (Kenia)	1:43,82
4.	Bryce Hoppel (USA)	1:44,25
5.	Wesley Vazquez (Puerto Rico)	1:44,48
6.	Adrián Ben (Spanien)	1:45,58
7.	Marco Arop (Kanada)	1:45,78
8.	Clayton Murphy (USA)	1:47,84

VL: 33. Marc-Leo Reuther (Deutschland) 1:47,31

1500 Meter | 06.10.2019
1.	Timothy Cheruiyot (Kenia)	3:29,26
2.	Taoufik Makhloufi (Algerien)	3:31,38
3.	Marcin Lewandowski (Polen)	3:31,46
4.	Jakob Ingebrigtsen (Norwegen)	3:31,70
5.	Jake Wightman (Großbritannien)	3:31,87
6.	Josh Kerr (Großbritannien)	3:32,52
7.	Ronald Kwemoi (Kenia)	3:32,72
8.	Matthew Centrowitz (USA)	3:32,81

HF: 20. Amos Bartelsmeyer (Deutschland) 3:37,74

5000 Meter | 30.09.2019
1.	Muktar Edris (Äthiopien)	12:58,85
2.	Selemon Barega (Äthiopien)	12:59,70
3.	Mohammed Ahmed (Kanada)	13:01,11
4.	Telahun Haile Bekele (Äthiopien)	13:02,29
5.	Jakob Ingebrigtsen (Norwegen)	13:02,93
6.	Jacob Krop (Kenia)	13:03,08
7.	Paul Chelimo (USA)	13:04,60
8.	Nicholas Kipkorir Kimeli (Kenia)	13:05,27

VL: 24. Sam Parsons (Deutschland) 13:38,53
VL: 30. Richard Ringer (Deutschland) 13:49,20

10.000 Meter | 06.10.2019

1.	Joshua Cheptegei (Uganda)	26:48,36
2.	Yomif Kejelcha (Äthiopien)	26:49,34
3.	Rhonex Kipruto (Kenia)	26:50,32
4.	Rodgers Kwemoi (Kenia)	26:55,36
5.	Andamlak Belihu (Äthiopien)	26:56,71
6.	Mohammed Ahmed (Kanada)	26:59,35
7.	Lopez Lomong (USA)	27:04,72
8.	Yemaneberhan Crippa (Italien)	27:10,76

Marathon | 05.10.2019

1.	Lelisa Desisa (Äthiopien)	2:10:40
2.	Mosinet Geremew (Äthiopien)	2:10:44
3.	Amos Kipruto (Kenia)	2:10:51
4.	Callum Hawkins (Großbritannien)	2:10:57
5.	Stephen Mokoka (Südafrika)	2:11:09
6.	Zersenay Tadese (Eritrea)	2:11:29
7.	El Hassan El Abbassi (Bahrain)	2:11:44
8.	Hamza Sahli (Marokko)	2:11:49

110 Meter Hürden (+0,6) | 02.10.2019

1.	Grant Holloway (USA)	13,10
2.	Sergey Shubenkov (Authorised Neutral Athletes)	13,15
3.	Pascal Martinot-Lagarde (Frankreich)	13,18
3.	Orlando Ortega (Spanien)	13,30
5.	Wenjun Xie (China)	13,29
6.	Shane Brathwaite (Barbados)	13,61
7.	Devon Allen (USA)	13,70
8.	Milan Trajkovic (Zypern)	13,87

400 Meter Hürden | 30.09.2019

1.	Karsten Warholm (Norwegen)	47,42
2.	Rai Benjamin (USA)	47,66
3.	Abderrahman Samba (Katar)	48,03
4.	Kyron McMaster (Britische Jungferninseln)	48,10
5.	TJ Holmes (USA)	48,20
6.	Yasmani Copello (Türkei)	48,25
7.	Alison Dos Santos (Brasilien)	48,28
8.	Abdelmalik Lahoulou (Algerien)	49,46

HF: 21. Luke Campbell (Deutschland) — 50,00
VL: 31. Constantin Preis (Deutschland) — 50,93

3000 Meter Hindernis | 04.10.2019

1.	Conseslus Kipruto (Kenia)	8:01,35
2.	Lamecha Girma (Äthiopien)	8:01,36
3.	Soufiane El Bakkali (Marokko)	8:03,76
4.	Getnet Wale (Äthiopien)	8:05,21
5.	Djilali Bedrani (Frankreich)	8:05,23
6.	Benjamin Kigen (Kenia)	8:06,95
7.	Abraham Kibiwot (Kenia)	8:08,52
8.	Hillary Bor (USA)	8:09,33

VL: Martin Grau (Deutschland) — 8:26,79
VL: Karl Bebendorf (Deutschland) — 8:32,58

Hochsprung | 04.10.2019

1.	Mutaz Essa Barshim (Katar)	2,37
2.	Mikhail Akimenko (Athlet unter neutraler Flagge)	2,35
3.	Ilya Ivanyuk (Athlet unter neutraler Flagge)	2,35
4.	Maksim Nedasekau (Weißrussland)	2,33
5.	Luis Enrique Zayas (Kuba)	2,30
6.	Brandon Starc (Australien)	2,30
7.	Michael Mason (Kanada)	2,30
8.	Hup Wei Lee (Malaysia)	2,27

Q: 30. Mateusz Przybylko (Deutschland) — 2,17

Stabhochsprung | 01.10.2019

1.	Sam Kendricks (USA)	5,97
2.	Armand Duplantis (Schweden)	5,97
3.	Piotr Lisek (Polen)	5,87
4.	Bo Kanda Lita Baehre (Deutschland)	5,70
5.	Thiago Braz (Brasilien)	5,70
6.	Raphael Holzdeppe (Deutschland)	5,70
6.	Valentin Lavillenie (Frankreich)	5,70
8.	Claudio Michel Stecchi (Italien)	5,70

Q: 23. Torben Blech (Deutschland) — 5,45

Weitsprung | 28.09.2019

1.	Tajay Gayle (Jamaika)	8,69
2.	Jeff Henderson (USA)	8,39
3.	Juan Miguel Echevarria (Kuba)	8,34
4.	Luvo Manyonga (Südafrika)	8,28
5.	Ruswahl Samaai (Südafrika)	8,23
6.	Jianan Wang (China)	8,20
7.	Eusebio Caceres (Spanien)	8,01
8.	Yuki Hashioka (Japan)	7,97

Dreisprung | 29.09.2019

1.	Christian Taylor (USA)	17,92
2.	Will Claye (USA)	17,74
3.	Hugues Fabrice Zango (Burkina Faso)	17,66
4.	Pedro Pablo Pichardo (Portugal)	17,62
5.	Cristian Napoles (Kuba)	17,38
6.	Donald Scott (USA)	17,17
7.	Alexis Copello (Aserbaidschan)	17,10
8.	Jordan Alejandro Diaz Fortun (Kuba)	17,06

Kugelstoßen | 05.10.2019

1.	Joe Kovacs (USA)	22,91
2.	Ryan Crouser (USA)	22,90
3.	Tomas Walsh (Neuseeland)	22,90
4.	Darlan Romani (Brasilien)	22,53
5.	Darrell Hill (USA)	21,65
6.	Konrad Bukowiecki (Polen)	21,46
7.	Jacko Gill (Neuseeland)	21,45
8.	Chukwuebuka Enekwechi (Nigeria)	21,18

LEICHTATHLETIK 2019 Die WM-Ergebnisse von Doha

Diskuswurf | 30.09.2019

1.	Daniel Stahl (Schweden)	67,59
2.	Fedrick Dacres (Jamaika)	66,94
3.	Lukas Weisshaidinger (Österreich)	66,82
4.	Alin Alexandru Firfirica (Rumänien)	66,46
5.	Apostolos Parellis (Zypern)	66,32
6.	Matthew Denny (Australien)	65,43
7.	Ehsan Hadadi (Iran)	65,16
8.	Martin Wierig (Deutschland)	64,98
Q: 14.	Christoph Harting (Deutschland)	63,08
Q: 16.	David Wrobel (Deutschland)	62,34

Hammerwurf | 02.10.2019

1.	Pawel Fajdek (Polen)	80,50
2.	Quentin Bigot (Frankreich)	78,19
3.	Bence Halasz (Ungarn)	78,18
3.	Wojciech Nowicki (Polen)	77,69
5.	Mykhaylo Kokhan (Ukraine)	77,39
6.	Eivind Henriksen (Norwegen)	77,38
7.	Javier Cienfuegos (Spanien)	76,57
8.	Hleb Dudarau (Weißrussland)	76,00

Speerwurf | 06.10.2019

1.	Anderson Peters (Grenada)	86,89
2.	Magnus Kirt (Estland)	86,21
3.	Johannes Vetter (Deutschland)	85,37
4.	Lassi Etelätalo (Finnland)	82,49
5.	Jakub Vadlejch (Tschechien)	82,19
6.	Julian Weber (Deutschland)	81,26
7.	Marcin Krukowski (Polen)	80,56
8.	Kim Amb (Schweden)	80,42
Q: 20.	Andreas Hofmann (Deutschland)	80,06
Q: 23.	Thomas Röhler (Deutschland)	79,23

Zehnkampf | 02./03.10.2019

1.	Niklas Kaul (Deutschland)	8691
	(11,27; 7,19; 15,10; 2,02; 48,48; 14,64; 49,20; 5,00; 79,05; 4:15,70)	
2.	Maicel Uibo (Estland)	8604
	(11,10; 7,46; 15,12; 2,17; 50,44; 14,43; 46,64; 5,40; 63,83; 4:31,61)	
3.	Damian Warner (Kanada)	8529
	(10,35; 7,67; 15,17; 2,02; 48,12; 13,56; 42,19; 4,70; 62,87; 4:40,77)	
4.	Ilya Shkurenyov (Athlet unter neutraler Flagge)	8494
5.	Pierce Lepage (Kanada)	8445
6.	Janek Oiglane (Estland)	8297
7.	Pieter Braun (Niederlande)	8222
8.	Solomon Simmons (USA)	8151
10.	Tim Nowak	8122
17.	Kai Kazmirek	7414

20 Kilometer Gehen | 04.10.2019

1.	Toshikazu Yamanishi (Japan)	1:26:34
2.	Vasiliy Mizinov (Athlet unter neutraler Flagge)	1:26:49
3.	Perseus Karlström (Schweden)	1:27:00
4.	Christopher Linke (Deutschland)	1:27:19
5.	Salih Korkmaz (Türkei)	1:27:35
6.	Koki Ikeda (Japan)	1:29:02
7.	Tom Bosworth (Großbritannien)	1:29:34
8.	Kaihua Wang (China)	1:29:52
17.	Hagen Pohle (Deutschland)	1:32:20
	Nils Brembach (Deutschland)	DNF

50 Kilometer Gehen | 28.09.2019

1.	Yusuke Suzuki (Japan)	4:04:20
2.	João Vieira (Portugal)	4:04:59
3.	Evan Dunfee (Kanada)	4:05:02
4.	Wenbin Niu (China)	4:05:36
5.	Yadong Luo (China)	4:06:49
6.	Brendan Boyce (Irland)	4:07:46
7.	Carl Dohmann (Deutschland)	4:10:22
8.	Jesús Ángel Garcia (Spanien)	4:11:28
23.	Jonathan Hilbert (Deutschland)	4:30:43
	Nathaniel Seiler (Deutschland)	DNF

Mixed (Männer/Frauen)

4x400 Meter Mixed Relay | 29.09.2019

1.	USA (London, Felix, Okolo, Cherry)	3:09,43 (WR)
2.	Jamaika (Allen, McGregor, James, Francis)	3:11,78
3.	Bahrain (Isah, Jamal, Eid Naser, Abbas)	3:11,82
4.	Großbritannien	3:12,27
5.	Polen	3:12,33
6.	Belgien	3:14,22
7.	Indien	3:15,77
8.	Brasilien	3:16,22
VL:	Deutschland (Schlegel, Bulmahn, Pahlitzsch, Sanders)	3:17,85

Die Nachtschicht endete auf Rang sieben

Im Gehwettbewerb über 50 Kilometer erlebte Carl Dohmann bei der WM in Doha, wie es sich anfühlt, in einer Wüstennacht über vier Stunden lang Ausdauersport auf höchstem Niveau zu betreiben. Gestartet um 23:30 Uhr Ortszeit erreichte er in der nächtlichen Hitze von 30 Grad Celsius und hoher Luftfeuchtigkeit Platz sieben. „So etwas habe ich in meiner Karriere noch nicht erlebt. Wir haben mit härtesten Bedingungen gerechnet, aber dass es so hart wird, habe ich nicht erwartet", sagte Dohmann: „Über diesen Wettkampf wird man noch in Jahrzehnten sprechen."

LEICHTATHLETIK 2019 Die WM-Ergebnisse von Doha

Frauen

100 Meter (+0,1) | 29.09.2019

1.	Shelly-Ann Fraser-Pryce (Jamaika)	10,71
2.	Dina Asher-Smith (Großbritannien)	10,83
3.	Marie-Josée Ta Lou (Elfenbeinküste)	10,90
4.	Elaine Thompson (Jamaika)	10,93
5.	Murielle Ahoure (Elfenbeinküste)	11,02
6.	Jonielle Smith (Jamaika)	11,06
7.	Teahna Daniels (USA)	11,19
	Dafne Schippers (Niederlande)	DNS
HF: 18.	Tatjana Pinto (Deutschland)	11,29
HF: 20.	Gina Lückenkemper (Deutschland)	11,30

200 Meter (+0,9) | 02.10.2019

1.	Dina Asher-Smith (Großbritannien)	21,88
2.	Brittany Brown (USA)	22,22
3.	Mujinga Kambundji (Schweiz)	22,51
4.	Anglerne Annelus (USA)	22,59
5.	Dezerea Bryant (USA)	22,63
6.	Gina Bass (Gambia)	22,71
7.	Ivet Lalova-Collio (Bulgarien)	22,77
8.	Tynia Gaither (Bahamas)	22,90
HF: 13.	Lisa Marie Kwayie (Deutschland)	22,83
HF: 18.	Tatjana Pinto (Deutschland)	23,11
HF: 21.	Jessica-Bianca Wessolly (Deutschland)	23,37

4x100 Meter | 05.10.2019

1.	Jamaika (Whyte, Fraser-Pryce, Smith, Jackson)	41,44
2.	Großbritannien (Philip, Asher-Smith, Nelson, Neita	41,85
3.	USA (Bryant, Daniels, Akinosun, Parker)	42,10
4.	Schweiz	42,18
5.	Deutschland (Kwayie, Kwadwo, Wessolly, Lückenkemper)	42,48
6.	Trinidad&Tobago	42,71
7.	Italien	42,98
	China	DQ

400 Meter | 03.10.2019

1.	Salwa Eid Naser (Bahrain)	48,14
2.	Shaunae Miller-Uibo (Bahamas)	48,37
3.	Shericka Jackson (Jamaika)	49,47
4.	Wadeline Jonathas (USA)	49,60
5.	Phyllis Francis (USA)	49,61
6.	Stephenie Ann McPherson (Jamaika)	50,89
7.	Justyna Swiety-Ersetic (Polen)	50,95
8.	Iga Baumgart-Witan (Polen)	51,29

4x400 Meter | 06.10.2019

1.	USA (Francis, McLauglin, Muhammad, Jonathas)	3:18,92
2.	Polen (Baumgart-Witan, Wyciszkiewicz, Holub-Kowalik, Swiety-Ersetic)	3:22,37
3.	Jamaika (Le-Roy, James, McPherson, Jackson)	3:27,40
4.	Großbritannien	3:23,02
5.	Belgien	3:27,15
6.	Ukraine	3:27,48
7.	Niederlande	3:27,89
	Kanada	DQ

800 Meter | 30.09.2019

1.	Halimah Nakaayi (Uganda)	1:58,04
2.	Raevyn Rogers (USA)	1:58,18
3.	Ajee Wilson (USA)	1:58,84
4.	Winnie Nanyondo (Uganda)	1:59,18
5.	Eunice Jepkoech Sum (Kenia)	1:59,71
6.	Natoya Goule (Jamaika)	2:00,11
7.	Rababe Arafi (Marokko)	2:00,48
8.	Ce'Aira Brown (USA)	2:02,97
HF: 17.	Katharina Trost (Deutschland)	2:01,77
VL: 19.	Christina Hering (Deutschland)	2:03,15

1500 Meter | 05.10.2019

1.	Sifan Hassan (Niederlande)	3:51,95
2.	Faith Kipyegon (Kenia)	3:54,22
3.	Gudaf Tsegay (Äthiopien)	3:54,38
4.	Shelby Houlihan (USA)	3:54,99
5.	Laura Muir (Großbritannien)	3:55,76
6.	Gabriela Debues-Stafford (Kanada)	3:56,12
7.	Winny Chebet (Kenia)	3:58,20
8.	Jenny Simpson (USA)	3:58,42
VL: 31.	Caterina Granz (Deutschland)	4:12,36

5000 Meter | 05.10.2019

1.	Hellen Obiri (Kenia)	14:26,72
2.	Margaret Chelimo Kipkemboi (Kenia)	14:27,49
3.	Konstanze Klosterhalfen (Deutschland)	14:28,43
4.	Tsehay Gemechu (Äthiopien)	14:29,60
5.	Lilian Kasait Rengeruk (Kenia)	14:36,05
6.	Fantu Worku (Äthiopien)	14:40,47
7.	Laura Weightman (Großbritannien)	14:44,57
8.	Hawi Feysa (Äthiopien)	14:44,92
VL: 18.	Hanna Klein (Deutschland)	15:28,65

10.000 Meter | 28.09.2019

1.	Sifan Hassan (Niederlande)	30:17,62
2.	Letesenbet Gidey (Äthiopien)	30:21,23
3.	Agnes Jebet Tirop (Kenia)	30:25,20
4.	Rosemary Monica Wanjiru (Kenia)	30:35,75
5.	Hellen Obiri (Kenia)	30:35,82
6.	Senbere Teferi (Äthiopien)	30:44,23
7.	Susan Krumins (Niederlande)	31:05,40
8.	Marielle Hall (USA)	31:05,71
	Alina Reh (Deutschland)	DNF

Marathon | 27.09.2019

1.	Ruth Chepngetich (Kenia)	2:32:43
2.	Rose Chelimo (Bahrain)	2:33:46
3.	Helalia Johannes (Namibia)	2:34:15
4.	Edna Ngeringwony Kiplagat (Kenia)	2:35:36
5.	Volha Mazuronak (Weißrussland)	2:36:21
6.	Roberta Groner (USA)	2:38:44
7.	Mizuki Tanimoto (Japan)	2:39:09
8.	Ji Hyang Kim (Nordkorea)	2:41:24

100 Meter Hürden (+0,3) | 06.10.2019

1.	Nia Ali (USA)	12,34
2.	Kendra Harrison (USA)	12,46
3.	Danielle Williams (Jamaika)	12,47
4.	Tobi Amusan (Nigeria)	12,49
5.	Andrea Carolina Vargas (Costa Rica)	12,64
6.	Nadine Visser (Niederlande)	12,66
7.	Janeek Brown (Jamaika)	12,88
	Megan Tapper (Jamaika)	DNF

HF: 11. Cindy Roleder (Deutschland) 12,86

400 Meter Hürden | 04.10.2019

1.	Dalilah Muhammad (USA)	52,16 (WR)
2.	Sydney McLaughlin (USA)	52,23
3.	Rushell Clayton (Jamaika)	53,74
4.	Lea Sprunger (Schweiz)	54,06
5.	Zuzana Hejnova (Tschechien)	54,23
6.	Ashley Spencer (USA)	54,45
7.	Anna Ryzhykova (Ukraine)	54,45
8.	Sage Watson (Kanada)	54,82

HF: 23. Carolina Krafzik (Deutschland) 56,41

Halimah Nakaayi nutzt Abwesenheit von Caster Semenya

Über 800 Meter trat Halimah Nakaayi aus Uganda in Doha die Nachfolge von Caster Semenya an. Die zweimalige Olympiasiegerin Semenya war in Doha nicht am Start – wegen einer von der IAAF neu eingeführten Testosteron-Regel. Diese fordert von Athletinnen mit intersexuellen Anlagen, ihren Testosteron-Wert mit Medikamenten unter einen bestimmten Wert zu senken, um über Strecken von 400 Metern bis zu einer Meile international starten zu dürfen. Semenya verweigert eine Behandlung und verzichtete auf einen Start. Die Vize-Weltmeisterin von 2017 in London, Francine Niyonsaba (Burundi), ist von dieser Regelung ebenfalls betroffen und lief in Doha auch nicht. Eine Entscheidung des Schweizer Bundesgerichts über die Regel steht noch aus.

LEICHTATHLETIK 2019 Die WM-Ergebnisse von Doha

3000 Meter Hindernis | 30.09.2019

1.	Beatrice Chepkoech (Kenia)	8:57,84
2.	Emma Coburn (USA)	9:02,35
3.	Gesa Felicitas Krause (Deutschland)	9:03,30
4.	Winfred Mutile Yavi (Bahrain)	9:05,68
5.	Peruth Chemutai (Uganda)	9:11,08
6.	Courtney Frerichs (USA)	9:11,27
7.	Anna Emilie Moller (Dänemark)	9:13,46
8.	Hyvin Kiyeng (Kenia)	9:13,53

Hochsprung | 30.09.2019

1.	Mariya Lasitskene (Athlet unter neutraler Flagge)	2,04
2.	Yaroslava Mahuchikh (Ukraine)	2,04
3.	Vashti Cunningham (USA)	2,00
4.	Yuliya Levchenko (Ukraine)	2,00
5.	Kamila Licwinko (Polen)	1,98
6.	Karyna Demidik (Weißrussland)	1,96
7.	Ana Šimic (Kroatien)	1,93
8.	Tynita Butts (USA)	1,93
9.	Imke Onnen (Deutschland)	1,89
Q: 27.	Christina Honsel (Deutschland)	1,80

Stabhochsprung | 29.09.2019

1.	Anzhelika Sidorova (Athlet unter neutraler Flagge)	4,95
2.	Sandi Morris (USA)	4,90
3.	Katerina Stefanidi (Griechenland)	4,85
4.	Holly Bradshaw (Großbritannien)	4,80
5.	Alysha Newman (Kanada)	4,80
6.	Angelica Bengtsson (Schweden)	4,80
7.	Katie Nageotte (USA)	4,70
7.	Robeilys Peinado (Venezuela)	4,70
17.	Lisa Ryzih (Deutschland)	4,50
Q:	Katharina Bauer (Deutschland)	NM

Weitsprung | 06.10.2019

1.	Malaika Mihambo (Deutschland)	7,30
2.	Maryna Bekh-Romanchuk (Ukraine)	6,92
3.	Ese Brume (Nigeria)	6,91
4.	Tori Bowie (USA)	6,81
5.	Nastassia Mironchyk-Ivanova (Weißrussland)	6,76
6.	Alina Rotaru (Rumänien)	6,71
7.	Abigail Irozuru (Großbritannien)	6,64
8.	Chanice Porter (Jamaika)	6,56

Dreisprung | 05.10.2019

1.	Yulimar Rojas (Venezuela)	15,37
2.	Shanieka Ricketts (Jamaika)	14,92
3.	Caterine Ibarguen (Kolumbien)	14,73
4.	Kimberly Williams (Jamaika)	14,64
5.	Olha Saladukha (Ukraine)	14,52
6.	Ana Peleteiro (Spanien)	14,47
7.	Keturah Orji (USA)	14,46
8.	Patrícia Mamona (Portugal)	14,40

Kugelstoßen | 03.10.2019

1.	Lijiao Gong (China)	19,55
2.	Danniel Thomas-Dodd (Jamaika)	19,47
3.	Christina Schwanitz (Deutschland)	19,17
4.	Maggie Ewen (USA)	18,93
5.	Anita Marton (Ungarn)	18,86
6.	Aliona Dubitskaya (Weißrussland)	18,86
7.	Chase Ealey (USA)	18,82
8.	Brittany Crew (Kanada)	18,55
Q: 13.	Sara Gambetta (Deutschland)	18,01
Q: 20.	Alina Kenzel (Deutschland)	17,46

Diskuswurf | 04.10.2019

1.	Yaimé Perez (Kuba)	69,17
2.	Denia Caballero (Kuba)	68,44
3.	Sandra Perkovic (Kroatien)	66,72
4.	Yang Chen (China)	63,38
5.	Bin Feng (China)	62,48
6.	Fernanda Martins (Brasilien)	62,44
7.	Valarie Allman (USA)	61,82
8.	Nadine Müller (Deutschland)	61,55
9.	Claudine Vita (Deutschland)	60,77
11.	Kristin Pudenz (Deutschland)	57,69

Hammerwurf | 04.10.2019

1.	DeAnna Price (USA)	77,54
2.	Joanna Fiodorow (Polen)	76,35
3.	Zheng Wang (China)	74,76
4.	Zalina Petrivskaya (Moldawien)	74,33
5.	Iryna Klymets (Ukraine)	73,56
6.	Alexandra Tavernier (Frankreich)	73,33
7.	Hanna Skydan (Aserbaidschan)	72,83
8.	Na Luo (China)	72,04

Neue Mehrkampf-Queen aus Großbritannien

Im Siebenkampf eroberte Katharina Johnson-Thompson (Großbritannien) mit 6981 Punkten Rang sechs in der ewigen Weltbestenliste und verpasste den zwölf Jahre alten Europarekord der Schwedin Carolina Klüft nur um 55 Punkte. Mit dieser Leistung setzte sich die 26-Jährige überraschend gegen Olympiasiegerin und Europameisterin Nafissatou Thiam aus Belgien durch, die 6677 Punkte sammelte

Speerwurf | 01.10.2019

1.	Kelsey-Lee Barber (Australien)	66,56
2.	Shiying Liu (China)	65,88
3.	Huihui Lyu (China)	65,49
4.	Christin Hussong (Deutschland)	65,21
5.	Kara Winger (USA)	63,23
6.	Tatsiana Khaladovich (Weißrussland)	62,54
7.	Sara Kolak (Kroatien)	62,28
8.	Annu Rani (Indien)	61,12
Q: 21.	Annika Marie Fuchs (Deutschland)	58,16

Siebenkampf | 02./03.10.2019

1.	Katarina Johnson-Thompson (Großbritannien) (13,09; 1,95; 13,86; 23,08; 6,77; 43,93; 2:07,26)	6981
2.	Nafissatou Thiam (Belgien) (13,36; 1,95; 15,22; 24,60; 6,40; 48,04; 2:18,93)	6677
3.	Verena Preiner (Österreich) (13,25; 1,77; 14,21; 23,96; 6,36; 46,68; 2:08,88)	6560
4.	Erica Bougard (USA)	6470
5.	Kendell Williams (USA)	6415
6.	Nadine Broersen (Niederlande)	6392
7.	Emma Oosterwegel (Niederlande)	6250
8.	Odile Ahouanwanou (Benin	6210

20 Kilometer Gehen | 29.09.2019

1.	Hong Liu (China)	1:32:53
2.	Shenjie Qieyang (China)	1:33:10
3.	Liujing Yang (China)	1:33:17
4.	Erica Rocha De Sena (Brasilien)	1:33:36
5.	Sandra Lorena Arenas (Kolumbien)	1:34:16
6.	Kumiko Okada (Japan)	1:34:36
7.	Nanako Fujii (Japan)	1:34:50
8.	María Perez (Spanien)	1:35:43
11.	Saskia Feige (Deutschland)	1:37:14

50 Kilometer Gehen | 28.09.2019

1.	Rui Liang (China)	4:23:26
2.	Maocuo Li (China)	4:26:40
3.	Eleonora Anna Giorgi (Italien)	4:29:13
4.	Olena Sobchuk (Ukraine)	4:33:38
5.	Faying Ma (China)	4:34:56
6.	Khrystyna Yudkina (Ukraine)	4:36:00
7.	Magaly Bonilla (Ecuador)	4:37:03
8.	Júlia Takacs (Spanien)	4:38:20

LEICHTATHLETIK 2019 Die Team-EM-Ergebnisse von Bydgoszcz

Männer

100 Meter (-1,4) | 10.08.2019

1.	Jimmy Vicaut (Frankreich)	10,35
2.	Lamont Marcell Jacobs (Italien)	10,39
3.	Michael Pohl (Deutschland)	10,55
4.	Harry Aikines-Aryeetey (Großbritannien)	10,57
5.	Oleksandr Sokolov (Ukraine)	10,61
6.	Jan Veleba (Tschechien)	10,76
7.	Ángel David Rodríguez (Spanien)	10,83
-	Remigiusz Olszewski (Polen)	DQ

200 Meter (-1,0) | 11.08.2019

1.	Richard Kilty (Großbritannien)	20,66
2.	Eseosa Desalu (Italien)	20,69
3.	Mouhamadou Fall (Frankreich)	20,70
4.	Serhiy Smelyk (Ukraine)	20,75
5.	Pavel Maslák (Tschechien)	20,76
6.	Steven Müller (Deutschland)	20,76
7.	Samuel García (Spanien)	21,08
8.	Kasper Kadestål (Schweden)	21,20

4x100 Meter | 10.08.2019

1.	Großbritannien (Ashwell, Bromby, Kilty, Aikines-Aryeetey)	38,73
2.	Deutschland (Müller, Schulte, Schmidt, Pohl)	38,88
3.	Polen (Kwiatkowski, Kopec, Slowikowski, Hampel)	39,20
4.	Spanien	39,25
5.	Italien	39,27
	Frankreich	DQ

400 Meter | 10.08.2019

1.	Davide Re (Italien)	45,35
2.	Dwayne Cowan (Großbritannien)	46,18
3.	Óscar Husillos (Spanien)	46,36
4.	Rafal Omelko (Polen)	46,40
5.	Fabrisio Saidy (Frankreich)	46,75
6.	Danylo Danylenko (Ukraine)	46,76
7.	Patrick Schneider (Deutschland)	46,99
-	Carl Bengtström (Schweden)	DNS

4x400 Meter | 11.08.2019

1.	Italien (Scotti, Galvan, Lopez, Re)	3:02,04
2.	Frankreich (Hann, Naliali, Jordier, Prevot)	3:02,08
3.	Polen (Suwara, Omelko, Krawczuk, Dobek)	3:02,56
4.	Spanien	3:04,52
5.	Deutschland (Lange, Schlegel, Trefz, Sanders)	3:16,59
-	Großbritannien	DNS

800 Meter | 11.08.2019

1.	Adam Kszczot (Polen)	1:46,97
2.	Jamie Webb (Großbritannien)	1:47,25
3.	Álvaro de Arriba (Spanien)	1:47,48
4.	Marc Reuther (Deutschland)	1:47,61
5.	Andreas Kramer (Schweden)	1:47,61
6.	Simone Barontini (Italien)	1:47,98
7.	Gabriel Tual (Frankreich)	1:48,13
8.	Lukáš Hodbod (Tschechien)	1:49,00

1500 Meter | 10.08.2019

1.	Marcin Lewandowski (Polen)	3:47,88
2.	Charlie Da'Vall Grice (Großbritannien)	3:48,35
3.	Jakub Holuša (Tschechien)	3:49,18
4.	Andreas Almgren (Schweden)	3:49,53
5.	Rabie Doukkana (Frankreich)	3:49,58
6.	Amos Bartelsmeyer (Deutschland)	3:49,99
7.	Matteo Spanu (Italien)	3:50,29
8.	Tom Elmer (Schweiz)	3:51,26

3000 Meter | 11.08.2019

1.	Adel Mechaal (Spanien)	8:02,51
2.	Kalle Berglund (Schweden)	8:02,79
3.	James West (Großbritannien)	8:02,97
4.	Yemaneberhan Crippa (Italien)	8:03,69
5.	Richard Ringer (Deutschland)	8:04,74
6.	Jonas Raess (Schweiz)	8:04,93
7.	Jan Friš (Tschechien)	8:08,03
8.	Stanislav Maslov (Ukraine)	8:08,72

5000 Meter | 10.08.2019

1.	Yemaneberhan Crippa (Italien)	13:43,30
2.	Julien Wanders (Schweiz)	13:45,31
3.	Hugo Hay (Frankreich)	13:58,20
4.	Sergio Jiménez (Spanien)	14:00,88
5.	Suldan Hassan (Schweden)	14:04,04
6.	Jakub Zemaník (Tschechien)	14:12,93
7.	Márkos Goúrlias (Griechenland)	14:15,45
8.	Nick Goolab (Großbritannien)	14:27,43
	Amanal Petros (Deutschland)	DQ

3000 Meter Hindernis | 11.08.2019

1.	Fernando Carro (Spanien)	8:27,26
2.	Topi Raitanen (Finnland)	8:27,68
3.	Krystian Zalewski (Polen)	8:29,12
4.	Zak Seddon (Großbritannien)	8:30,89
5.	Ahmed Abdelwahed (Italien)	8:34,30
6.	Martin Grau (Deutschland)	8:37,36
7.	Yoann Kowal (Frankreich)	8:40,60
8.	Vasyl Koval (Ukraine)	8:54,48

110 Meter Hürden (-1,8) | 11.08.2019

1.	Orlando Ortega (Spanien)	13,38
2.	Pascal Martinot-Lagarde (Frankreich)	13,46
3.	Gregor Traber (Deutschland)	13,54
4.	Damian Czykier (Polen)	13,70
5.	Konstadínos Douvalídis (Griechenland)	13,71
6.	Hassane Fofana (Italien)	13,78
7.	Cameron Fillery (Großbritannien)	13,83
8.	Elmo Lakka (Finnland)	13,89

400 Meter Hürden | 10.08.2019

1.	Patryk Dobek (Polen)	48,87
2.	Ludvy Vaillant (Frankreich)	48,98
3.	Luke Campbell (Deutschland)	49,24
4.	Chris McAlister (Großbritannien)	49,28
5.	Vít Müller (Tschechien)	49,36
6.	Sérgio Fernández (Spanien)	49,57
7.	Oskari Mörö (Finnland)	50,22
8.	Dany Brand (Schweiz)	50,95

Hochsprung | 10.08.2019

1.	Miguel Ángel Sancho (Spanien)	2,26
2.	Chris Baker (Großbritannien)	2,22
3.	Stefano Sottile (Italien)	2,22
4.	Mateusz Przybylko (Deutschland)	2,22
5.	Norbert Kobielski (Polen)	2,22
6.	William Aubatin (Frankreich)	2,17
7.	Yuriy Krymarenko (Ukraine)	2,17
8.	Konstadínos Baniótis (Griechenland)	2,12

Stabhochsprung | 11.08.2019

1.	Piotr Lisek (Polen)	5,81
2.	Melker Svärd Jacobsson (Schweden)	5,71
3.	Renaud Lavillenie (Frankreich)	5,71
4.	Konstadínos Filippídis (Griechenland)	5,66
5.	Claudio Michel Stecchi (Italien)	5,66
6.	Jan Kudlicka (Tschechien)	5,56
7.	Adrián Valles (Spanien)	5,46
8.	Torben Blech (Deutschland)	5,46

Weitsprung | 10.08.2019

1.	Miltiádis Tentóglou (Griechenland)	8,30
2.	Eusebio Cáceres (Spanien)	8,02
3.	Tomasz Jaszczuk (Polen)	8,00
4.	Filippo Randazzo (Italien)	8,00
5.	Yaroslav Isachenkov (Ukraine)	7,91
6.	Kristian Pulli (Finnland)	7,91
7.	Jacob Fincham-Dukes (Großbritannien)	7,85
8.	Julian Howard (Deutschland)	7,79

Dreisprung | 11.08.2019

1.	Ben Williams (Großbritannien)	17,14
2.	Simo Lipsanen (Finnland)	16,76
3.	Benjamin Compaoré (Frankreich)	16,67
4.	Jesper Hellström (Schweden)	16,53
5.	Adrian Swiderski (Polen)	16,27
6.	Dimítrios Tsiámis (Griechenland)	16,25
7.	Felix Wenzel (Deutschland)	16,23
8.	Fabrizio Schembri (Italien)	16,10

Kugelstoßen | 10.08.2019

1.	Michal Haratyk (Polen)	21,83
2.	Tomáš Stanek (Tschechien)	20,65
3.	Frederic Dagee (Frankreich)	20,03
4.	Simon Bayer (Deutschland)	19,66
5.	Scott Lincoln (Großbritannien)	19,57
6.	Leonardo Fabbri (Italien)	19,53
7.	Ihor Musiyenko (Ukraine)	19,51
8.	Wictor Petersson (Schweden)	19,45

Diskuswurf | 11.08.2019

1.	Piotr Malachowski (Polen)	63,02
2.	Martin Wierig (Deutschland)	61,84
3.	Daniel Ståhl (Schweden)	61,38
4.	Giovanni Faloci (Italien)	60,25
5.	Lois Maikel Martínez (Spanien)	59,20
6.	Mykyta Nesterenko (Ukraine)	58,53
7.	Marek Bárta (Tschechien)	57,66
8.	Lolassonn Djouhan (Frankreich)	57,39

Hammerwurf | 10.08.2019

1.	Wojciech Nowicki (Polen)	78,84
2.	Quentin Bigot (Frankreich)	76,70
3.	Mihaíl Anastasákis (Griechenland)	75,77
4.	Javier Cienfuegos (Spanien)	75,23
5.	Aaron Kangas (Finnland)	73,62
6.	Serhiy Perevoznikov (Ukraine)	72,15
7.	Tristan Schwandke (Deutschland)	71,27
8.	Marco Lingua (Italien)	70,76

Speerwurf | 09.08.2019

1.	Julian Weber (Deutschland)	86,86
2.	Jakub Vadlejch (Tschechien)	79,88
3.	Marcin Krukowski (Polen)	79,54
4.	Manu Quijera (Spanien)	75,64
5.	Toni Kuusela (Finnland)	75,35
6.	Mauro Fraresso (Italien)	74,48
7.	Simon Wieland (Schweiz)	73,78
8.	Kim Amb (Schweden)	73,23

LEICHTATHLETIK 2019 Die Team-EM-Ergebnisse von Bydgoszcz

Frauen

100 Meter (-2,5) | 10.08.2019
1.	Carolle Zahi (Frankreich)	11,31
2.	Daryll Neita (Großbritannien)	11,33
3.	Ewa Swoboda (Polen)	11,35
4.	Jael Bestue (Spanien)	11,61
5.	Zaynab Dosso (Italien)	11,70
6.	Klára Seidlová (Tschechien)	11,77
7.	Rafailía Spanoudáki-Hatziríga (Griechenland)	11,84
	Lisa Marie Kwayie (Deutschland)	DNS

200 Meter (-1,0) | 11.08.2019
1.	Mujinga Kambundji (Schweiz)	22,72
2.	Jodie Williams (Großbritannien)	22,89
3.	Jessica-Bianca Wessolly (Deutschland)	23,15
4.	Maroussia Pare (Frankreich)	23,25
5.	Rafailía Spanoudáki-Hatziríga (Griechenland)	23,27
6.	Anna Kielbasinska (Polen)	23,36
7.	Gloria Hooper (Italien)	23,46
8.	Paula Sevilla (Spanien)	23,58

4x100 Meter | 10.08.2019
1.	Frankreich (Zahi, Ombissa-Dzangue, Raffai, Richard)	43,09
2.	Großbritannien (Awuah, Rees, Williams, Miller)	43,46
3.	Deutschland (Montag, Nippgen, Wessolly, Müller)	43,76
4.	Spanien	43,94
5.	Italien	44,20
6.	Polen	44,23

400 Meter | 10.08.2019
1.	Justyna Swiety-Ersetic (Polen)	51,23
2.	Léa Sprunger (Schweiz)	51,84
3.	Maria Benedicta Chigbolu (Italien)	52,19
4.	Deborah Sananes (Frankreich)	52,30
5.	Lada Vondrová (Tschechien)	52,38
6.	Amy Allcock (Großbritannien)	52,92
7.	Kateryna Klymyuk (Ukraine)	53,09
8.	Moa Hjelmer (Schweden)	53,10
9.	Ruth Sophia Spelmeyer (Deutschland)	53,65

4x400 Meter | 11.08.2019
1.	Polen (Baumgart-Witan, Kielbasinska, Holub-Kowalik, Swiety-Ersetic)	3:24,81
2.	Großbritannien (Diamond, Williams, Clark, Turner)	3:27,12
3.	Italien (Chigbolu, Folorunso, Borga, Trevisan)	3:27,32
4.	Deutschland (Bulmahn, Schmidt, Gonska, Pahlitzsch)	3:31,18
5.	Frankreich	3:31,73
6.	Spanien	3:32,72

800 Meter | 10.08.2019
1.	Renelle Lamote (Frankreich)	2:01,21
2.	Shelayna Oskan-Clarke (Großbritannien)	2:01,45
3.	Christina Hering (Deutschland)	2:01,77
4.	Sara Kuivisto (Finnland)	2:01,85
5.	Nataliya Pryshchepa (Ukraine)	2:02,01
6.	Anna Sabat (Polen)	2:02,36
7.	Esther Guerrero (Spanien)	2:02,47
8.	Diana Mezuliáníková (Tschechien)	2:02,60

1500 Meter | 11.08.2019
1.	Sofia Ennaoui (Polen)	4:08,37
2.	Caterina Granz (Deutschland)	4:08,52
3.	Kristiina Mäki (Tschechien)	4:09,12
4.	Sara Kuivisto (Finnland)	4:09,25
5.	Marta Pérez (Spanien)	4:09,53
6.	Jessica Judd (Großbritannien)	4:09,89
7.	Hanna Hermansson (Schweden)	4:10,59
8.	Nataliya Pryshchepa (Ukraine)	4:10,64

3000 Meter | 10.08.2019
1.	Yolanda Ngarambe (Schweden)	9:07,67
2.	Marta Zenoni (Italien)	9:08,34
3.	Solange Andreia Pereira (Spanien)	9:09,76
4.	Renata Plis (Polen)	9:13,35
5.	Denise Krebs (Deutschland)	9:19,13
6.	Nicole Egger (Schweiz)	9:19,57
7.	Nathalie Blomqvist (Finnland)	9:19,65
8.	Johanna Geyer-Carles (Frankreich)	9:19,73

5000 Meter | 11.08.2019
1.	Hanna Klein (Deutschland)	15:39,00
2.	Maitane Melero (Spanien)	15:44,55
3.	Sarah Inglis (Großbritannien)	15:45,23
4.	Liv Westphal (Frankreich)	15:49,11
5.	Francesca Tommasi (Italien)	15:49,79
6.	Sara Christiansson (Schweden)	16:06,05
7.	Chiara Scherrer (Schweiz)	16:23,58
8.	Moira Stewartová (Tschechien)	16:28,41

3000 Meter Hindernis | 10.08.2019
1.	Gesa-Felicitas Krause (Deutschland)	9:36,67
2.	Irene Sánchez (Spanien)	9:39,24
3.	Rosie Clarke (Großbritannien)	9:39,85
4.	Camilla Richardsson (Finnland)	9:42,97
5.	Alicja Konieczek (Polen)	9:53,30
6.	Ophélie Claude-Boxberger (Frankreich)	9:54,66
7.	Chiara Scherrer (Schweiz)	9:58,21
8.	Lucie Sekanová (Tschechien)	10:00,70

100 Meter Hürden (-1,2) | 11.08.2019

1.	Luminosa Bogliolo (Italien)	12,87
2.	Cindy Roleder (Deutschland)	12,87
3.	Karolina Koleczek (Polen)	12,88
4.	Cindy Ofili (Großbritannien)	13,12
5.	Annimari Korte (Finnland)	13,20
6.	Hanna Plotitsyna (Ukraine)	13,26
7.	Elisávet Pesirídou (Griechenland)	13,27
8.	Caridad Jerez (Spanien)	13,59

400 Meter Hürden | 10.08.2019

1.	Zuzana Hejnová (Tschechien)	55,10
2.	Anna Ryzhykova (Ukraine)	55,61
3.	Joanna Linkiewicz (Polen)	55,67
4.	Ayomide Folorunso (Italien)	56,34
5.	Yasmin Giger (Schweiz)	56,34
6.	Meghan Beesley (Großbritannien)	56,46
7.	Aurelie Chaboudez (Frankreich)	57,98
8.	Hanna Palmqvist (Schweden)	59,05
9.	Jackie Baumann (Deutschland)	58.53

Hochsprung | 11.08.2019

1.	Yuliya Levchenko (Ukraine)	1,97
2.	Erika Kinsey (Schweden)	1,94
3.	Alessia Trost (Italien)	1,94
4.	Imke Onnen (Deutschland)	1,90
5.	Kamila Licwinko (Polen)	1,90
6.	Tatiána Goúsin (Griechenland)	1,85
7.	Salome Lang (Schweiz)	1,85
8.	Solene Gicquel (Frankreich)	1,85

Stabhochsprung | 10.08.2019

1.	Ekateríni Stefanídi (Griechenland)	4,70
2.	Maryna Kylypko (Ukraine)	4,56
3.	Angelica Bengtsson (Schweden)	4,46
3.	Ninon Guillon-Romarin (Frankreich)	4,46
5.	Sonia Malavisi (Italien)	4,46
6.	Romana Malácová (Tschechien)	4,36
7.	Angelica Moser (Schweiz)	4,36
8.	Wilma Murto (Finnland)	4,21
	Lisa Ryzih (Deutschland)	NM

Weitsprung | 11.08.2019

1.	Malaika Mihambo (Deutschland)	7,11
2.	Abigail Irozuru (Großbritannien)	6,75
3.	Éloyse Lesueur-Aymonin (Frankreich)	6,72
4.	Fatima Diame (Spanien)	6,62
5.	Taika Koilahti (Finnland)	6,59
6.	Efthimía Kolokithá (Griechenland)	6,43
7.	Erika Kinsey (Schweden)	6,29
8.	Tania Vicenzino (Italien)	6,27

Dreisprung | 10.08.2019

1.	Paraskeví Papahrístou (Griechenland)	14,48
2.	Ana Peleteiro (Spanien)	14,27
3.	Ottavia Cestonaro (Italien)	14,18
4.	Olha Saladukha (Ukraine)	14,11
5.	Kristiina Mäkelä (Finnland)	14,10
6.	Kristin Gierisch (Deutschland)	13,91
7.	Naomi Ogbeta (Großbritannien)	13,90
8.	Adrianna Szóstak (Polen)	13,67

Kugelstoßen | 11.08.2019

1.	Christina Schwanitz (Deutschland)	18,93
2.	Fanny Roos (Schweden)	18,54
3.	Sophie McKinna (Großbritannien)	17,94
4.	Paulina Guba (Polen)	17,77
5.	Olha Golodna (Ukraine)	17,18
6.	Markéta Cervenková (Tschechien)	17,11
7.	Senja Mäkitörmä (Finnland)	16,55
8.	Chiara Rosa (Italien)	16,46

Diskuswurf | 09.08.2019

1.	Claudine Vita (Deutschland)	61,09
2.	Mélina Robert-Michon (Frankreich)	60,61
3.	Hrisoúla Anagnostopoúlou (Griechenland)	59,02
4.	Daria Zabawska (Polen)	58,38
5.	Salla Sipponen (Finnland)	56,88
6.	Daisy Osakue (Italien)	55,74
7.	Nataliya Semenova (Ukraine)	55,30
8.	Kirsty Law (Großbritannien)	54,78

Hammerwurf | 11.08.2019

1.	Alexandra Tavernier (Frankreich)	72,81
2.	Joanna Fiodorow (Polen)	72,13
3.	Iryna Klymets (Ukraine)	71,67
4.	Sara Fantini (Italien)	67,81
5.	Charlene Woitha (Deutschland)	66,55
6.	Katerina Šafránková (Tschechien)	66,29
7.	Berta Castells (Spanien)	65,35
8.	Krista Tervo (Finnland)	64,72

Speerwurf | 10.08.2019

1.	Alexie Alais (Frankreich)	63,46
2.	Maria Andrejczyk (Polen)	63,39
3.	Irena Šedivá (Tschechien)	61,32
4.	Arantxa Moreno (Spanien)	57,94
5.	Sofía Ifantídou (Griechenland)	55,52
6.	Jenni Kangas (Finnland)	55,37
7.	Carolina Visca (Italien)	55,13
8.	Tetyana Fetiskina (Ukraine)	54,31
9.	Julia Ulbricht (Deutschland)	53,24

LEICHTATHLETIK 2019 Die DM-Ergebnisse von Berlin

Männer

100 Meter (+0,3) | 03.08.2019
1.	Michael Pohl (Sprintteam Wetzlar)	10,27
2.	Kevin Kranz (Sprintteam Wetzlar)	10,29
3.	Julian Reus (LAC Erfurt)	10,30
4.	Patrick Domogala (MTG Mannheim)	10,35
5.	Joshua Hartmann (ASV Köln)	10,36
6.	Julian Wagner (LAC Erfurt)	10,38
7.	Marvin Schulte (SC DHfK Leipzig)	10,39
8.	Roy Schmidt (SC DHfK Leipzig)	10,42

200 Meter (+0,1) | 03.08.2019
1.	Steven Müller (Friedberg-Fauerbach)	20,63
2.	Patrick Domogala (MTG Mannheim)	20,74
3.	Elias Goer (Sprintteam Wetzlar)	20,88
4.	Felix Straub (SC DHfK Leipzig)	21,05
5.	Maximilian Entholzner (1. FC Passau)	21,11
6.	Frieder Scheuschner (Dresdner SC 1898)	21,18
7.	Roger Gurski (LG Rhein-Wied)	21,25
8.	Robert Hering (TV Wattenscheid 01)	21,41

4x100 Meter | 04.08.2019
1.	SC DHfK Leipzig (Straub, Giese, Schmidt, Schulte)	39,02
2.	Sprintteam Wetzlar 1 (Berthes, Kranz, Goer, Pohl)	39,17
3.	StG VfB Stuttgart 1893 (Corucle, Czysch, Riekert, Heinle	39,66
4.	TV Wattenscheid 01 1 (Ugo, Hering, Kosenkow, Trutenat)	39,68
5.	LG Rhein-Wied (Roos, Gurski, Kirstges, Reinhard)	39,85
6.	LG Stadtwerke München (Wolf, Olbert, Knerlein, Graiani)	40,33
7.	TSV Bayer 04 Leverkusen 1 (Jürgens, Lange, Breitkopf, Hoffmann)	40,33
8.	VfL Wolfsburg (Bunar, Breitenstein, Bunar, Almas)	40,65

400 Meter | 04.08.2019
1.	Manuel Sanders (LG Olympia Dortmund)	45,86
2.	Marvin Schlegel (LAC Erdgas Chemnitz)	46,20
3.	Tobias Lange (TSV Bayer 04 Leverkusen)	46,27
4.	Patrick Schneider (LAC Quelle Fürth)	46,31
5.	Fabian Dammermann (LG Osnabrück)	46,45
6.	Marc Koch (LG NORD BERLIN)	46,56
7.	Maximilian Grupen (LV 90 Erzgebirge)	46,91
8.	Jean Paul Bredau (SC Potsdam)	47,18

800 Meter | 04.08.2019
1.	Marc Reuther (LG Eintracht Frankfurt)	1:47,22
2.	Robert Farken (SC DHfK Leipzig)	1:47,48
3.	Benedikt Huber (LG TELIS FINANZ Regensburg)	1:48,01
4.	Christian von Eitzen (LC Rehlingen)	1:48,39
5.	Jan Riedel (Dresdner SC 1898)	1:49,34
6.	Nicolai Christ (SG Schorndorf 1846)	1:50,55
7.	Constantin Schulz (LC Cottbus)	1:50,56
8.	Julius Lawnik (LG Braunschweig)	n.a.

1500 Meter | 04.08.2019
1.	Amos Bartelsmeyer (LG Eintracht Frankfurt)	3:56,34
2.	Marc Tortell (TV Rendel)	3:56,76
3.	Jens Mergenthaler (SV Winnenden)	3:56,81
4.	Timo Benitz (LG farbtex Nordschwarzwald)	3:57,17
5.	Lukas Abele (SSC Hanau-Rodenbach)	3:57,22
6.	Maximilian Sluka (Hallesche Leichtathl.-Freunde)	3:58,08
7.	Maximilian Pingpank (Hannover Athletics)	3:58,30
8.	Dennis Gerhard (LAZ PUMA Rhein-Sieg)	3:58,31

5000 Meter | 04.08.2019
1.	Richard Ringer (LC Rehlingen)	14:01,69
2.	Sam Parsons (LG Eintracht Frankfurt)	14:02,38
3.	Amanal Petros (TV Wattenscheid 01)	14:02,99
4.	Maximilian Thorwirth (SFD 75 Düsseldorf-Süd)	14:04,03
5.	Sebastian Hendel (LG Vogtland)	14:04,31
6.	Florian Orth (LG TELIS FINANZ Regensburg)	14:06,69
7.	Simon Boch (LG TELIS FINANZ Regensburg)	14:07,75
8.	Kilian Schreiner (ASC 1990 Breidenbach)	14:08,92

110 Meter Hürden (+1,5) | 03.08.2019
1.	Gregor Traber (LAV Stadtwerke Tübingen)	13,68
2.	Martin Vogel (SC DHfK Leipzig)	13,88
3.	Maximilian Bayer (MTV 1881 Ingolstadt)	13,89
4.	Erik Balnuweit (TV Wattenscheid 01)	14,11
5.	Stefan Volzer (VfL Sindelfingen)	14,20
6.	René Mählmann (TSV Bayer 04 Leverkusen)	14,22
7.	Tim Eikermann (TSV Bayer 04 Leverkusen)	14,22
8.	Jan Schindzielorz (LG Forchheim)	14,40

400 Meter Hürden | 04.08.2019
1.	Constantin Preis (VfL Sindelfingen)	49,32
2.	Luke Campbell (LG Eintracht Frankfurt)	49,56
3.	Joshua Abuaku (LG Eintracht Frankfurt)	49,75
4.	Emil Agyekum (SCC Berlin)	49,99
5.	Janis-Elias Pohl (LG Eintracht Frankfurt)	50,96
6.	Tim Holzapfel (LG Steinlach-Zollern)	52,05
7.	Lukas Peter (LC Jena)	52,75
8.	Michael Adolf (TSV Gräfelfing)	disq

DM-Titel und WM-Verzicht

In Berlin holte sich Gregor Traber überlegen den Titel über 110 Meter Hürden, doch einen Monat später musste er verletzungsbedingt seinen Start bei den Weltmeisterschaften in Doha absagen. Der EM-Fünfte von Berlin 2018 verzichtete wegen anhaltender Rückenschmerzen und um die Olympiavorbereitungen für Tokio 2020 nicht zu gefährden

3000 Meter Hindernis | 03.08.2019

1.	Karl Bebendorf (Dresdner SC 1898)	8:33,59
2.	Martin Grau (LAC Erfurt)	8:33,84
3.	Patrick Karl (TV Ochsenfurt)	8:38,39
4.	Konstantin Wedel (LG TELIS FINANZ Regensburg)	8:43,65
5.	Robert Baumann (LAV Stadtwerke Tübingen)	8:46,71
6.	Fabian Clarkson (SCC Berlin)	8:51,52
7.	Lennart Mesecke (LG NORD BERLIN)	8:54,19
8.	Nick Jaeger (TSV Penzberg)	8:54,23

Hochsprung | 04.08.2019

1.	Mateusz Przybylko (TSV Bayer 04 Leverkusen)	2,22
2.	Falk Wendrich (LAZ Soest)	2,19
3.	Bastian Rudolf (Dresdner SC 1898)	2,10
4.	Manuel Marko (MTV 1881 Ingolstadt)	2,10
5.	Jonas Wagner (Dresdner SC 1898)	2,10
6.	Torsten Sanders (TSV Bayer 04 Leverkusen)	2,05
7.	Finn Drümmer (Kaltenkirchener TS)	2,05
8.	Chima Ihenetu (SC Neubrandenburg)	2,00

Stabhochsprung | 04.08.2019

1.	Raphael Holzdeppe (LAZ Zweibrücken)	5,76
2.	Bo Kanda Lita Baehre (TSV Bayer 04 Leverkusen)	5,71
3.	Torben Blech (TSV Bayer 04 Leverkusen)	5,51
4.	Oleg Zernikel (ASV Landau)	5,41
5.	Philip Kass (SV Werder Bremen)	5,41
6.	Jakob Köhler-Baumann (LG Filstal)	5,21
7.	Tom Linus Humann (Schweriner SC)	5,21
8.	Gillian Ladwig (Schweriner SC)	5,21

Weitsprung | 03.08.2019

1.	Fabian Heinle (VfB Stuttgart 1893)	8,05
2.	Julian Howard (LG Region Karlsruhe)	7,88
3.	Maximilian Entholzner (1. FC Passau)	7,66
4.	Marcel Kirstges (TSV Bayer 04 Leverkusen)	7,51
5.	Vincent Vogel (LAC Erdgas Chemnitz)	7,49
6.	Luka Herden (LG Brillux Münster)	7,47
7.	Stephan Hartmann (LG NORD BERLIN)	7,37
8.	Max Kottmann (VfB Stuttgart 1893)	7,34

Dreisprung | 04.08.2019

1.	Max Heß (LAC Erdgas Chemnitz)	16,50
2.	Felix Wenzel (SC Potsdam)	16,01
3.	Felix Mairhofer (TSG 1862 Weinheim)	15,31
4.	Christoph Garritsen (TSV Bayer 04 Leverkusen)	15,25
5.	Gabriel Wiertz (TuS 1860 Pfarrkirchen)	15,14
6.	Tobias Hell (Schweriner SC)	14,96
7.	Paul Walschburger (LG Stadtwerke München)	14,83
8.	Max-Ole Klobasa (LC Jena)	14,79

Kugelstoßen | 03.08.2019

1.	Simon Bayer (VfL Sindelfingen)	20,26
2.	Tobias Dahm (VfL Sindelfingen)	19,87
3.	David Storl (SC DHfK Leipzig)	19,77
4.	Jan Josef Jeuschede (TSV Bayer 04 Leverkusen)	19,74
5.	Christian Zimmermann (Kirchheimer SC)	19,44
6.	Dennis Lukas (LG Idar-Oberstein)	19,03
7.	Dennis Lewke (SC DHfK Leipzig)	19,01
8.	Cedric Trinemeier (MTG Mannheim)	18,43

LEICHTATHLETIK 2019 Die DM-Ergebnisse von Berlin

Diskuswurf | 03.08.2019

1.	Martin Wierig (Sportclub Magdeburg)	65,39
2.	David Wrobel (Sportclub Magdeburg)	63,87
3.	Torben Brandt (SCC Berlin)	62,59
4.	Daniel Jasinski (TV Wattenscheid 01)	61,99
5.	Clemens Prüfer (SC Potsdam)	61,90
6.	Henning Prüfer (SC Potsdam)	61,33
7.	Maximilian Klaus (LAC Erdgas Chemnitz)	60,06
8.	Lukas Koller (LG Stadtwerke München)	57,47

Hammerwurf | 03.08.2019

1.	Tristan Schwandke (TV Hindelang)	73,00
2.	Simon Lang (LG Stadtwerke München)	68,01
3.	Johannes Bichler (LG Stadtwerke München)	66,95
4.	Andreas Sahner (LC Rehlingen)	66,47
5.	Fabio Hessling (LAC Saarlouis)	65,76
6.	Tom Brack (TSV Bayer 04 Leverkusen)	61,70
7.	Yosef Alqawati (MTG Mannheim)	61,64
8.	Konstantin Steinfurth (LG Eppstein-Kelkheim)	61,51

Speerwurf | 04.08.2019

1.	Andreas Hofmann (MTG Mannheim)	87,07
2.	Julian Weber (USC Mainz)	86,60
3.	Thomas Röhler (LC Jena)	82,70
4.	Bernhard Seifert (SC Potsdam)	79,32
5.	Maurice Voigt (LC Jena)	75,47
6.	Gordon Schulz (Sportclub Magdeburg)	72,99
7.	Jonas Bonewit (LG Stadtwerke München)	71,73
8.	Jakob Nauck (SC DHfK Leipzig)	70,71

Der Beste in der deutschen Paradedisziplin

Während Diskus-Olympiasieger Christoph Harting das Jahr 2019 als kompletten Ausfall verbuchen muss, konnte Martin Wierig mit dem Rückenwind seines ersten deutschen Meistertitels (mit 32 Jahren) und eines achten WM-Platzes die Vorbereitungen auf die Olympiasaison 2020 beginnen

Frauen

100 Meter (+0,1) | 03.08.2019

1.	Tatjana Pinto (LC Paderborn)	11,09
2.	Gina Lückenkemper (SCC Berlin)	11,20
3.	Malaika Mihambo (LG Kurpfalz)	11,21
4.	Lisa Marie Kwayie (Neuköllner SF)	11,22
5.	Yasmin Kwadwo (TSV Bayer 04 Leverkusen)	11,42
6.	Anna-Lena Freese (FTSV Jahn Brinkum)	11,50
7.	Laura Müller (LC Rehlingen)	11,51
8.	Lisa Nippgen (MTG Mannheim)	11,54

200 Meter (+0,9) | 04.08.2019

1.	Tatjana Pinto (LC Paderborn)	22,65
2.	Lisa Marie Kwayie (Neuköllner SF)	22,88
3.	Jessica-Bianca Wessolly (MTG Mannheim)	23,14
4.	Sophia Junk (LG Rhein-Wied)	23,38
5.	Alexandra Burghardt (Gendorf Wacker Burghausen)	23,55
6.	Pernilla Kramer (VfL Wolfsburg)	23,65
7.	Sandra Dinkeldein (SV Werder Bremen)	23,85
8.	Svea Kittner (SV Werder Bremen)	24,29

4x100 Meter | 04.08.2019

1.	MTG Mannheim 1 (Wallmann, Nippgen, Gonska, Wessolly)	43,92
2.	TSV Bayer 04 Leverkusen 1 (Kwadwo, Montag, Maiwald, Arndt)	44,21
3.	LC Paderborn 1 (Butzek, Kölsch, Kuß, Pinto	44,62
4.	SV Werder Bremen (Pelz, Dinkeldein, Rüdel, Kittner)	45,08
5.	TV Wattenscheid 01 (Bendrat, Bischoff, Oguama, Zapalska)	45,20
6.	StG Staffelteam NI (Schulz, Janiak, Häßler, Böder)	45,35
7.	LG Stadtwerke München (John, Petkov, Wieland, Benzinger)	45,63
8.	VfL Sindelfingen (Lindenmayer, Krafzik, Stern, Creuzberger)	45,66

400 Meter | 04.087.2019

1.	Luna Bulmahn (VfL Eintracht Hannover)	52,37
2.	Karolina Palitzsch (SV Preußen Berlin)	52,87
3.	Nelly Schmidt (LT DSHS Köln)	53,21
4.	Nadine Gonska (MTG Mannheim)	53,31
5.	Ruth Sophia Spelmeyer (VfL Oldenburg)	53,65
6.	Alica Schmidt (SCC Berlin)	53,66
7.	Laura Marx (LT DSHS Köln)	53,69
8.	Svea Köhrbrück (SCC Berlin)	53,84

Clean Sweep für die 800-Meter-Mädels der LG Stadtwerke München

Dass sich drei Athleten aus einem Verein bei Deutschen Meisterschaften in einer Disziplin alle Medaillen schnappen, ist alles andere als alltäglich. Im Berliner Olympiastadion gelang dieses Kunststück Katharina Trost, Christina Hering und Mareen Kalis (von links). Mit Hering und Trost durften dann die beiden schnellsten aus dem Trio sogar die Reise zur WM in Doha antreten. Dort war für Christina Hering im Vorlauf und für Katharina Trost im Halbfinale Endstation

800 Meter | 04.08.2019

1.	Christina Hering (LG Stadtwerke München)	2:01,37
2.	Katharina Trost (LG Stadtwerke München)	2:01,68
3.	Mareen Kalis (LG Stadtwerke München)	2:04,81
4.	Majtie Kolberg (LG Kreis Ahrweiler)	2:05,41
5.	Tanja Spill (LAV Bayer Uerdingen/Dormagen)	2:06,52
6.	Rebekka Ackers (TSV Bayer 04 Leverkusen)	2:06,69
7.	Christina Zwirner (ASV Köln)	2:07,64
8.	Tabea Marie Kempe (TSV Bayer 04 Leverkusen)	2:08,95

1500 Meter | 04.08.2019

1.	Caterina Granz (LG NORD BERLIN)	4:08,91
2.	Vera Coutellier (ASV Köln)	4:13,35
3.	Johanna Christine Schulz (SC Rönnau 74)	4:13,47
4.	Hanna Klein (SG Schorndorf 1846)	4:13,52
5.	Kerstin Hirscher (LAC Quelle Fürth)	4:18,52
6.	Verena Meisl (LG Olympia Dortmund)	4:22,95
7.	Julia Altrup (VfL 1860 Marburg)	4:34,38
8.	Berit Scheid (TSV Bayer 04 Leverkusen)	4:34,38

5000 Meter | 03.08.2019

1.	Konstanze Klosterhalfen (TSV Bayer 04 Leverkusen)	14:26,76
2.	Alina Reh (SSV Ulm 1846)	15:19,42
3.	Miriam Dattke (LG TELIS FINANZ Regensburg)	15:41,81
4.	Deborah Schöneborn (LG NORD BERLIN)	16:05,32
5.	Svenja Pingpank (Hannover Athletics)	16:14,13
6.	Domenika Mayer (LG TELIS FINANZ Regensburg)	16:24,98
7.	Christina Gerdes (BV Garrel)	16:26,80
8.	Svenja Ojstersek (ART Düsseldorf)	16:30,29

100 Meter Hürden (+0,5) | 03.08.2019

1.	Cindy Roleder (SV Halle e.V)	12,90
2.	Neele Schuten (TV Gladbeck 1912)	13,44
3.	Ricarda Lobe (MTG Mannheim)	13,45
4.	Mareike Arndt (TSV Bayer 04 Leverkusen)	13,55
5.	Monika Zapalska (TV Wattenscheid 01)	13,58
6.	Anna Maiwald (TSV Bayer 04 Leverkusen)	13,59
7.	Anne Weigold (LG Mittweida)	13,67
8.	Abigail Adjei (SV Saar 05 Saarbrücken)	14,05

LEICHTATHLETIK 2019 Die DM-Ergebnisse von Berlin

Zwei deutsche Rekorde und Olympia im Fokus

Bis zu den Deutschen Meisterschaften lief das Jahr 2019 richtig gut für Dreispringerin Kristina Gierisch. In der Hallensaison verbesserte sie den deutschen Rekord auf 14,59 Meter. Früh in der Freiluft-Saison steigerte sie sich in Garbsen noch einmal auf 14,61 Meter. In Berlin holte sie sich überlegen den DM-Titel mit 14,26 Metern, doch dann begannen Fußbeschwerden, wegen denen die Formkurve nach unten ging. Die EM-Zweite von Berlin sagte ihre WM-Teilnahme ab und konzentrierte sich fortan ganz auf eine optimale Olympiavorbereitung

400 Meter Hürden | 04.08.2019

1.	Carolina Krafzik (VfL Sindelfingen)	55,64
2.	Jackie Baumann (LAV Stadtwerke Tübingen)	56,26
3.	Christine Salterberg (LT DSHS Köln)	56,57
4.	Djamila Böhm (ART Düsseldorf)	56,58
5.	Sylvia Schulz (TSV Bayer 04 Leverkusen)	58,02
6.	Lisa Marie Petkov (LG Stadtwerke München)	58,72
7.	Radha Fiedler (TuS Roland Brey)	59,89
8.	Annina Fahr (TuS Gottmadingen)	59,96

3000 Meter Hindernis | 04.08.2019

1.	Gesa Felicitas Krause (Silvesterlauf Trier)	9:28,45
2.	Jana Sussmann (Lauf Team Haspa Marathon)	9:54,72
3.	Agnes Thurid Gers (SCC Berlin)	9:55,39
4.	Sanaa Schretzmair (TSV Bayer 04 Leverkusen)	9:57,81
5.	Lea Meyer (VfL Löningen)	9:59,38
6.	Josina Papenfuß (TSG Westerstede)	10:03,42
7.	Lisa Oed (SSC Hanau-Rodenbach)	10:04,07
8.	Paula Schneiders (LAZ Mönchengladbach)	10:04,70

Hochsprung | 03.08.2019

1.	Marie-Laurence Jungfleisch (VfB Stuttgart 1893)	1,90
2.	Imke Onnen (Hannover 96)	1,87
3.	Lavinja Jürgens (TSV Kranzegg)	1,84
4.	Alexandra Plaza (LT DSHS Köln)	1,80
5.	Lale Eden (Hannover 96)	1,80
6.	Christina Honsel (LG Olympia Dortmund)	1,80
7.	Nicola Ader (TG Rimbach)	1,80
8.	Carolin Gottschalk (TSV Bayer 04 Leverkusen)	1,75

Stabhochsprung | 03.08.2019

1.	Lisa Ryzih (ABC Ludwigshafen)	4,60
2.	Stefanie Dauber (SSV Ulm 1846)	4,46
3.	Jacqueline Otchere (MTG Mannheim)	4,41
4.	Ria Möllers (TSV Bayer 04 Leverkusen)	4,31
5.	Leni Freyja Wildgrube (SC Potsdam)	4,21
6.	Katharina Bauer (TSV Bayer 04 Leverkusen)	4,11
6.	Stina Seidler (SV Werder Bremen)	4,11
8.	Luzia Herzig (TV Engen)	4,11

Weitsprung | 04.08.2019

1.	Malaika Mihambo (LG Kurpfalz)	7,16
2.	Merle Homeier (VfL Bückeburg)	6,42
3.	Lea-Jasmin Riecke (Mitteldeutscher Sportclub)	6,29
4.	Alexandra Wester (ASV Köln)	6,27
5.	Xenia Stolz (Wiesbadener LV)	6,20
6.	Caroline Klein (TSV Bayer 04 Leverkusen)	6,17
7.	Lisa Maihöfer (LC Rehlingen)	6,14
8.	Malina Reichert (Hamburger SV)	6,06

Dreisprung | 03.08.2019

1.	Kristin Gierisch (LAC Erdgas Chemnitz)	14,26
2.	Neele Eckhardt (LG Göttingen)	13,93
3.	Maria Purtsa (LAC Erdgas Chemnitz)	13,24
4.	Kira Wittmann (SV Quitt Ankum)	13,19
5.	Klaudia Kaczmarek (LAZ Rhede)	13,01
6.	Jessie Maduka (ART Düsseldorf)	12,97
7.	Mara Häusler (1. LAV Rostock)	12,66
8.	Tina Pröger (TSV Zirndorf)	12,61

Kugelstoßen | 04.08.2019

1.	Christina Schwanitz (LV 90 Erzgebirge)	18,84
2.	Sara Gambetta (SV Halle e.V.)	17,95
3.	Alina Kenzel (VfL Waiblingen)	17,83
4.	Julia Ritter (TV Wattenscheid 01)	17,63
5.	Katharina Maisch (TuS Metzingen)	17,16
6.	Hanna Meinikmann (TV Wattenscheid 01)	16,57
7.	Sarah Schmidt (LV 90 Erzgebirge)	16,39
8.	Patrizia Römer (ESV Jahn Treysa)	15,67

Diskuswurf | 04.08.2019

1.	Kristin Pudenz (SC Potsdam)	64,37
2.	Nadine Müller (SV Halle e.V.)	63,99
3.	Shanice Craft (MTG Mannheim)	63,22
4.	Marike Steinacker (TSV Bayer 04 Leverkusen)	62,61
5.	Claudine Vita (SC Neubrandenburg)	60,85
6.	Anna Rüh (Sportclub Magdeburg)	60,79
7.	Julia Ritter (TV Wattenscheid 01)	56,01
8.	Annina Brandenburg (TV Wattenscheid 01)	51,88

Hammerwurf | 04.08.2019

1.	Charlene Woitha (SCC Berlin)	67,57
2.	Carolin Paesler (TSV Bayer 04 Leverkusen)	66,38
3.	Samantha Borutta (TSG Mutterstadt)	62,40
4.	Sina Holthuijsen Mai (LAV Bayer Uerdingen/Dormagen)	62,06
5.	Michelle Döpke (TSV Bayer 04 Leverkusen)	60,48
6.	Cathinca van Amerom (Hannover 96)	58,77
7.	Maximiliane Langguth (LAZ Rhede)	58,25
8.	Nancy Randig (SWC Regensburg)	56,68

Speerwurf | 03.08.2019

1.	Christin Hussong (LAZ Zweibrücken)	65,33
2.	Annika Marie Fuchs (SC Potsdam)	58,61
3.	Christine Winkler (SC DHfK Leipzig)	55,38
4.	Julia Ulbricht (1. LAV Rostock)	55,25
5.	Leonie Tröger (Hallesche Leichtathl.-Freunde)	53,87
6.	Charlotte Wissing (TSV Bayer 04 Leverkusen)	51,92
7.	Elisabeth Hafenrichter (LG Stadtwerke München)	51,52
8.	Lena Bottlender (TSV SCHOTT Mainz)	48,03

LEICHTATHLETIK 2019 Die Hallen-EM-Ergebnisse von Glasgow

Männer

60 Meter | 02.03.2019

1.	Ján Volko (Slowakei)	6,60
2.	Emre Zafer Barnes (Türkei)	6,61
3.	Joris van Gool (Niederlande)	6,62
4.	Richard Kilty (Großbritannien)	6,66
5.	Konstadínos Zíkos (Griechenland)	6,67
6.	Amaury Golitin (Frankreich)	6,67
7.	Ojie Edoburun (Großbritannien)	6,67
8.	Kevin Kranz (Deutschland)	6,73

400 Meter | 02.03.2019

1.	Karsten Warholm (Norwegen)	45,05
2.	Óscar Husillos (Spanien)	45,66
3.	Tony van Diepen (Niederlande)	46,13
4.	Luka Janežic (Slowakei)	46,15
5.	Fabrisio Saidy (Frankreich)	46,80
6.	Lucas Bua (Spanien)	46,92

4x400 Meter | 03.03.2019

1.	Belgien (Watrin, D. Borlée, J. Borlée, K. Borlée)	3:06,27
2.	Spanien (Husillos, Guijarro, Bua, Erta)	3:06,32
3.	Frankreich (Anne, Jordier, Courbiere, Saidy)	3:07,71
4.	Polen	3:08,40
5.	Großbritannien	3:08,48
6.	Italien	3:09,48

800 Meter | 03.03.2019

1.	Álvaro de Arriba (Spanien)	1:46,83
2.	Jamie Webb (Großbritannien)	1:47,13
3.	Mark English (Irland)	1:47,39
4.	Mariano Garcia (Spanien)	1:47,58
5.	Andreas Bube (Dänemark)	1:47,67
6.	Amel Tuka (Bosnien-Herzegowina)	1:47,91
7.	Andreas Kramer (Schweden)	1:48,06
	HF: 8. Christoph Kessler (Deutschland)	1:50,62

1500 Meter | 03.03.2019

1.	Marcin Lewandowski (Polen)	3:42,85
2.	Jakob Ingebrigtsen (Norwegen)	3:43,23
3.	Jesús Gómez (Spanien)	3:44,39
4.	Filip Sasínek (Tschechien)	3:45,27
5.	Simon Denissel (Frankreich)	3:45,50
6.	Marius Probst (Deutschland)	3:45,76
7.	Karl Bebendorf (Deutschland)	3:46,88
8.	Robbie Fitzgibbon (Großbritannien)	3:47,08

3000 Meter | 02.03.2019

1.	Jakob Ingebrigtsen (Norwegen)	7:56,15
2.	Chris O'Hare (Großbritannien)	7:57,19
3.	Henrik Børkja Ingebrigtsen (Norwegen)	7:57,19
4.	Djilali Bedrani (Frankreich)	7:58,40
5.	Jonas Leanderson (Schweden)	7:59,16
6.	Amos Bartelsmeyer (Deutschland)	7:59,62
7.	Jimmy Gressier (Frankreich)	8:00,89
8.	Sam Atkin (Großbritannien)	8:01,43
11.	Florian Orth (Deutschland)	8:05,09
12.	Sam Parsons (Deutschland)	8:05,83

60 Meter Hürden | 03.03.2019

1.	Milan Trajkovic (Zypern)	7,60
2.	Pascal Martinot-Lagarde (Frankreich)	7,61
3.	Aurel Manga (Frankreich)	7,63
4.	Orlando Ortega (Spanien)	7,64
5.	Konstadínos Douvalídis (Griechenland)	7,65
6.	Andy Pozzi (Großbritannien)	7,68
7.	Wilhem Belocian (Frankreich)	7,68
8.	Elmo Lakka (Finnland)	7,74

Hochsprung | 02.03.2019

1.	Gianmarco Tamberi (Italien)	2,32
2.	Konstadínos Baniótis (Griechenland)	2,26
2.	Andrii Protsenko (Ukraine)	2,26
4.	Chris Baker (Großbritannien)	2,22
4.	Tihomir Ivanov (Bulgarien)	2,22
6.	Sylwester Bednarek (Polen)	2,22
7.	Falk Wendrich (Deutschland)	2,18
8.	Mateusz Przybylko (Deutschland)	2,18

Stabhochsprung | 02.03.2019

1.	Pawel Wojciechowski (Polen)	5,90
2.	Piotr Lisek (Polen)	5,85
3.	Melker Svärd Jacobsson (Schweden)	5,75
4.	Emmanouíl Karalís (Griechenland)	5,65
4.	Claudio Michel Stecchi (Italien)	5,65
6.	Sondre Guttormsen (Norwegen)	5,55
7.	Bo Kanda Lita Baehre (Deutschland)	5,55
8.	Georgiy Gorokhov (Athlet unter neutraler Flagge)	5,55

Weitsprung | 03.03.2019

1.	Miltiádis Tentóglou (Griechenland)	8,38
2.	Thobias Nilsson Montler (Schweden)	8,17
3.	Strahinja Jovancevic (Serbien)	8,03
4.	Eusebio Cáceres (Spanien)	7,98
5.	Serhii Nykyforov (Ukraine)	7,89
6.	Tomasz Jaszczuk (Polen)	7,80
7.	Radek Juška (Tschechien)	7,79
8.	Vladyslav Mazur (Ukraine)	7,75

Dreisprung | 03.03.2019

1.	Nazim Babayev (Aserbaidschan)	17,29
2.	Nelson Évora (Portugal)	17,11
3.	Max Heß (Deutschland)	17,10
4.	Yoann Rapinier (Frankreich)	16,72
5.	Kevin Luron (Frankreich)	16,63
6.	Tomas Veszelka (Slowakei)	16,35
7.	Nathan Douglas (Großbritannien)	16,33
8.	Simone Forte (Italien)	15,54

Kugelstoßen | 01.03.2019

1.	Michal Haratyk (Polen)	21,65
2.	David Storl (Deutschland)	21,54
3.	Tomáš Stanek (Tschechien)	21,25
4.	Francisco Belo (Portugal)	20,97
5.	Bob Bertemes (Luxemburg)	20,70
6.	Mesud Pezer (Bosien-Herzegowina)	20,69
7.	Marcus Thomsen (Norwegen)	20,22
8.	Nikólaos Skarvélis (Griechenland)	20,13

Siebenkampf | 03.03.2019

1.	Jorge Ureña (Spanien) (6,96; 7,39; 14,68; 2,07; 7,78; 5,00; 2:44,27)	6218
2.	Tim Duckworth (Großbritannien) (6,85; 7,79; 12,97; 2,13; 8,16; 5,00; 2:49,44)	6156
3.	Ilya Shkurenyov (Athlet unter neutraler Flagge) (7,18; 7,66; 14,30; 2,04; 8,02; 5,20; 2:45,35)	6145
4.	Fredrik Samuelsson (Schweden)	6125
5.	Andreas Bechmann (Deutschland)	6001
6.	Thomas Van Der Plaetsen (Belgien)	5989
7.	Martin Roe (Norwegen)	5951
8.	Vitali Zhuk (Weißrussland)	5689

So schnell wie Thomas Schönlebe anno 1988 für die DDR

Über 400 Meter stellte der norwegische Langhürden-Spezialist Karsten Warholm den Europarekord von Thomas Schönlebe ein: Der spätere 400-Meter-Hürden-Champion von Doha holte sich auf der Flachstrecke in der Halle WM-Gold in 45,05 Sekunden

LEICHTATHLETIK 2019 Die Hallen-EM-Ergebnisse von Glasgow

Frauen

60 Meter | 02.03.2019

1.	Ewa Swoboda (Polen)	7,09
2.	Dafne Schippers (Niederlande)	7,14
3.	Asha Philip (Großbritannien)	7,15
4.	Kristal Awuah (Großbritannien)	7,15
5.	Mujinga Kambundji (Schweiz)	7,16
6.	Maja Mihalinec (Slowenien)	7,21
7.	Krystsina Tsimanouskaya (Weißrussland)	7,26
8.	Ajla Del Ponte (Schweiz)	7,30

HF: 8. Lisa Marie Kwayie (Deutschland) 7,29
HF: 17. Rebekka Haase (Deutschland) 7,37

400 Meter | 02.03.2019

1.	Léa Sprunger (Schweiz)	51,61
2.	Cynthia Bolingo Mbongo (Belgien)	51,62
3.	Lisanne de Witte (Niederlande)	52,34
4.	Agne Šerkšniene (Litauen)	52,40
5.	Raphaela Boaheng Lukudo (Italien)	52,48
6.	Justyna Swiety-Ersetic (Polen)	52,64

VL: 19. Nadine Gonska (Deutschland) 53,38

4x400 Meter | 03.03.2019

1.	Polen (Kielbasinska, Baumgart-Witan, Holub-Kowalik, Swiety-Ersetic)	3:28,77
2.	Großbritannien (Nielsen, Clark, Anning, Doyle)	3:29,55
3.	Italien (Boaheng Lukudo, Folorunso, Bazzoni, Milani)	3:31,90
4.	Frankreich	3:32,12
5.	Belgien	3:32,46
6.	Schweiz	3:33,72

800 Meter | 03.03.2019

1.	Shelayna Oskan-Clarke (Großbritannien)	2:02,58
2.	Renelle Lamote (Frankreich)	2:03,00
3.	Olha Lyakhova (Ukraine)	2:03,24
4.	Renée Eykens (Belgien)	2:03,32
5.	Mari Smith (Großbritannien)	2:03,45
6.	Esther Guerrero (Spanien)	2:04,07

1500 Meter | 03.03.2019

1.	Laura Muir (Großbritannien)	4:05,92
2.	Sofia Ennaoui (Polen)	4:09,30
3.	Ciara Mageean (Irland)	4:09,43
4.	Katsiaryna Karneyenka (Weißrussland)	4:11,59
5.	Daryia Barysevich (Weißrussland)	4:11,92
6.	Simona Vrzalová (Tschechien)	4:12,16
7.	Claudia Bobocea (Rumänien)	4:13,40
8.	Marta Pérez (Spanien)	4:13,56

VL: Caterina Granz (Deutschland) DNF

3000 Meter | 01.03.2019

1.	Laura Muir (Großbritannien)	8:30,61
2.	Konstanze Klosterhalfen (Deutschland)	8:34,06
3.	Melissa Courtney (Großbritannien)	8:38,22
4.	Alina Reh (Deutschland)	8:39,45
5.	Karoline Bjerkeli Grøvdal (Norwegen)	8:52,12
6.	Maureen Koster (Niederlande)	8:56,22
7.	Eilish McColgan (Großbritannien)	8:59,71
8.	Célia Antón (Spanien)	9:00,57

60 Meter Hürden | 03.03.2019

1.	Nadine Visser (Niederlande)	7,87
2.	Cindy Roleder (Großbritannien)	7,97
3.	Elvira Herman (Weißrussland)	8,00
4.	Reetta Hurske (Finnland)	8,02
5.	Gréta Kerekes (Ungarn)	8,03
6.	Nooralotta Neziri (Finnland)	8,09
7.	Andrea Ivancevic (Kroatien)	8,14

Hochsprung | 03.03.2019

1.	Mariya Lasitskene (Athletin unter neutraler Flagge)	2,01
2.	Yuliya Levchenko (Ukraine)	1,99
3.	Airine Palšyte (Litauen)	1,97
4.	Kateryna Tabashnyk (Ukraine)	1,97
5.	Iryna Herashchenko (Ukraine)	1,94
6.	Michaela Hrubá (Tschechien)	1,94
7.	Erika Kinsey (Schweden)	1,91
7.	Imke Onnen (Deutschland)	1,91

Stabhochsprung | 03.03.2019

1.	Anzhelika Sidorova (Athletin unter neutraler Flagge)	4,85
2.	Holly Bradshaw (Großbritannien)	4,75
3.	Nikoléta Kiriakopoúlou (Griechenland)	4,65
4.	Angelica Moser (Schweiz)	4,65
4.	Ekateríni Stefanídi (Griechenland)	4,65
6.	Iryna Zhuk (Weißrussland)	4,65
7.	Ninon Guillon-Romarin (Frankreich)	4,65
8.	Michaela Meijer (Schweden)	4,45

Q: 14. Katharina Bauer (Deutschland) 4,40

Weitsprung | 03.03.2019

1.	Ivana Španovic (Serbien)	6,99
2.	Nastassia Mironchyk-Ivanova (Weißrussland)	6,93
3.	Maryna Bekh-Romanchuk (Ukraine)	6,84
4.	Malaika Mihambo (Deutschland)	6,83
5.	Alina Rotaru (Rumänien)	6,64
6.	Tania Vicenzino (Italien)	6,58
7.	Abigail Irozuru (Großbritannien)	6,50
8.	Florentina Costina Iusco (Rumänien)	6,49

Hohe Sprünge in neuer Qualität

Dass Hochspringerin Imke Onnen 2019 einen Sprung nach vorn machen würde, war schon nach der Hallensaison klar. Bei den Deutschen Hallenmeisterschaften in Leipzig steigerte sie sich auf 1,96 Meter und holte den Titel. Bei der Hallen-EM wurde sie Siebte. Im Freien qualifizierte sie sich mit 1,94 Metern für die Weltmeisterschaften in Doha, wo sie mit 1,94 Metern souverän die Qualifikation meisterte, aber im Finale nicht über 1,89 Meter hinauskam - Platz neun

Dreisprung | 03.03.2019

1.	Ana Peleteiro (Spanien)	14,73
2.	Paraskeví Papahrístou (Griechenland)	14,50
3.	Olha Saladukha (Ukraine)	14,47
4.	Patrícia Mamona (Portugal)	14,43
5.	Susana Costa (Portugal)	14,43
6.	Kristiina Mäkelä (Finnland)	14,29
7.	Rouguy Diallo (Frankreich)	14,18
8.	Hanna Krasutska (Ukraine)	13,95

Kugelstoßen | 03.03.2019

1.	Radoslava Mavrodieva (Bulgarien)	19,12
2.	Christina Schwanitz (Deutschland)	19,11
3.	Anita Márton (Ungarn)	19,00
4.	Aliona Dubitskaya (Bulgarien)	18,71
5.	Klaudia Kardasz (Polen)	18,23
6.	Fanny Roos (Schweden)	18,21
7.	Sara Gambetta (Deutschland)	17,60
8.	Alina Kenzel (Deutschland)	17,55

Fünfkampf | 01.03.2019

1.	Katarina Johnson-Thompson (Großbritannien) (8,27; 1,96; 13,15; 6,53; 2:09,13)	4983
2.	Niamh Emerson (Großbritannien) (8,54; 1,87; 13,93; 6,29; 2:12,56)	4731
3.	Solène Ndama (Frankreich) (8,09; 1,78; 14,23; 6,21; 2:11,92)	4723
4.	Ivona Dadic (Österreich)	4702
5.	Laura Ikauniece (Lettland)	4701
6.	Verena Preiner (Österreich)	4637
7.	Xénia Krizsán (Ungarn)	4608
8.	Hanne Maudens (Belgien)	4440

LEICHTATHLETIK 2019 Die Hallen-DM-Ergebnisse von Leipzig

Männer

60 Meter | 16.02.2019
1.	Kevin Kranz (Sprintteam Wetzlar)	6,59
2.	Michael Pohl (Sprintteam Wetzlar)	6,67
3.	Michael Bryan (LC Rehlingen)	6,68
4.	Joshua Hartmann (ASV Köln)	6,70
5.	Patrick Domogala (MTG Mannheim)	6,70
6.	Deniz Almaz (VfL Wolfsburg)	6,70
7.	Steven Müller (LG OVAG Friedberg-Fauerbach)	6,74
8.	Tom Warmholz (MTG Mannheim)	6,74

200 Meter | 17.02.2019
1.	Patrick Domogala (MTG Mannheim)	20,77
2.	Maurice Huke (TV Wattenscheid 01)	20,86
3.	Tobias Lange (TSV Bayer 04 Leverkusen)	21,07
4.	Roger Gurski (LG Rhein-Wied)	21,35
5.	Steven Müller (LG OVAG Friedberg-Fauerbach)	21,36
6.	Felix Straub (SC DHfK Leipzig)	21,50
7.	Fabian Linne (SV Werder Bremen)	21,51
8.	Raphael Müller (VfB Stuttgart 1893)	21,53

4x200 Meter | 17.02.2019
1.	TSV Bayer 04 Leverkusen II (Menga, Lange, Breitkopf, Hoffmann)	1:24,92
2.	TV Wattenscheid 01 (Huke, Trutenat, Hering, Heinrichs)	1:25,01
3.	LT DSHS Köln (Horn, Wotzka, van Rechtern, Pröve)	1:28,07
4.	TSV Bayer 04 Leverkusen I (Lange, Genenger, Klein, Seeliger)	1:28,13
5.	VfL Sindelfingen (Preis, Wiesner, Gacic, Stubican)	1:28,15
6.	LG Rhein-Wied (Gurski, Kirstges, Roos, Reinhard)	1:28,17
	Sportclub Magdeburg (Bernhagen, Barthel, Scheschonk, Helbig)	DNF
	SCC Berlin (Pfälzner, Agyekum, Williams, Mahra)	DQ

400 Meter | 17.02.2019
1.	Torben Junker (LG Olympia Dortmund)	47,18
2.	Marvin Schlegel (LAC Erdgas Chemnitz)	47,69
3.	Marc Koch (LG Nord Berlin)	47,75
4.	Michael Adolf (TSV Gräfelfing)	47,97
5.	Robert Hind (SV Schlau.Com Saar 05 Sbr)	48,14

800 Meter | 17.02.2019
1.	Robert Farken (SC DHfK Leipzig)	1:49,60
2.	Christoph Kessler (LG Region Karlsruhe)	1:49,70
3.	Jan Riedel (Dresdner SC 1898)	1:50,09
4.	Sebastian Keiner (LAC Erfurt)	1:50,62
5.	Fabian Spinrath (LAV Bayer Uerdingen/Dormagen)	1:52,24
6.	Oskar Schwarzer (TV Groß-Gerau)	1:52,53

1500 Meter | 17.02.2019
1.	Marius Probst (TV Wattenscheid 01)	3:42,38
2.	Marc Reuther (LG Eintracht Frankfurt)	3:44,07
3.	Lukas Abele (SSC Hanau-Rodenbach)	3:45,08
4.	Karl Bebendorf (Dresdner SC 1898)	3:45,63
5.	Viktor Kuk (LG Braunschweig)	3:49,00
6.	Adrian König-Rannenberg (LSC Höchstadt/Aisch)	3:51,65
7.	Maximilian Feist (LG Olympia Dortmund)	3:52,33
8.	Elias Schreml (LG Olympia Dortmund)	3:56,37

3000 Meter | 16.02.2019
1.	Sam Parsons (LG Eintracht Frankfurt)	7:53,71
2.	Amos Bartelsmeyer (LG Eintracht Frankfurt)	7:54,39
3.	Florian Orth (LG Telis Finanz Regensburg)	8:00,08
4.	Sebastian Hendel (LG Vogtland)	8:00,99
5.	Philipp Reinhardt (LC Jena)	8:03,23
6.	Mohamed Mohumed (LG Olympia Dortmund)	8:04,44
7.	Konstantin Wedel (LG Telis Finanz Regensburg)	8:07,16
8.	Maximilian Thorwirth (SFD 75 Düsseldorf-Süd)	8:11,06

60 Meter Hürden | 16.02.2019
1.	Gregor Traber (LAV Stadtwerke Tübingen)	7,62
2.	Erik Balnuweit (TV Wattenscheid 01)	7,71
3.	Luke Campbell (LG Eintracht Frankfurt)	7,81
4.	Martin Vogel (SC DHfK Leipzig)	7,86
5.	Maximilian Bayer (MTV 1881 Ingolstadt)	7,87
6.	Yannick Spissinger (MTG Mannheim)	7,93
7.	Niklas Rippon (VfL Sindelfingen)	8,15
8.	Aleksandar Gacic (VfL Sindelfingen)	DQ

Hochsprung | 17.2.2019
1.	Mateusz Przybylko (TSV Bayer 04 Leverkusen)	2,26
2.	Falk Wendrich (LAZ Soest)	2,26
3.	Torsten Sanders (TSV Bayer 04 Leverkusen)	2,23
4.	Jonas Wagner (Dresdner SC 1898)	2,20
5.	Lucas Mihota (LG Stadtwerke München)	2,10
6.	Ole K. Grevsmühl (SV Medizin Schwerin)	2,10
6.	Bastian Rudolf (Dresdner SC 1898)	2,10
8.	Manuel Marko (MTV 1881 Ingolstadt)	2,05

Stabhochsprung | 17.2.2019

1.	Lita Baehre Bo Kanda (TSV Bayer 04 Leverkusen)	5,60
2.	Torben Blech (TSV Bayer 04 Leverkusen)	5,50
3.	Daniel Clemens (LAZ Zweibrücken)	5,50
4.	Malte Mohr (TV Wattenscheid 01)	5,30
5.	Florian Gaul (VfL Sindelfingen)	5,20
	Nico Fremgen (LAZ Zweibrücken)	o.g.V.
	Tom Linus Humann (Schweriner SC)	o.g.V.

Weitsprung | 16.2.2019

1.	Fabian Heinle (VfB Stuttgart 1893)	7,78
2.	Maximilian Entholzner (1. FC Passau)	7,73
3.	Gianluca Puglisi (Königsteiner LV)	7,59
4.	Marcel Kirstges (TSV Bayer 04 Leverkusen)	7,56
5.	Vincent Vogel (LAC Erdgas Chemnitz)	7,51
6.	Florian Oswald (TSG 1862 Weinheim)	7,30
7.	Bartosz Jasinski (TV Wattenscheid 01)	7,17
8.	Matthis Leon Wilhelm (TSV Bayer 04 Leverkusen)	7,09

Dreisprung | 17.2.2019

1.	Max Hess (LAC Erdgas Chemnitz)	16,74
2.	Tobias Hell (Schweriner SC)	15,85
3.	Vincent Vogel (LAC Erdgas Chemnitz)	15,42
4.	Paul Walschburger (LG Stadtwerke München)	15,30
5.	Max-Ole Klobasa (LC Jena)	15,23
6.	David Kirch (LT DSHS Köln)	14,94
7.	Louis Knüpling (TSV Asendorf)	14,77
8.	Patrick Lutzenberger (LG Stadtwerke München)	14,75

Kugelstoßen | 16.2.2019

1.	David Storl (SC DHfK Leipzig)	21,32
2.	Tobias Dahm (VfL Sindelfingen)	19,42
3.	Christian Zimmermann (Kirchheimer SC)	19,39
4.	Dennis Lewke (SC DHfK Leipzig)	19,18
5.	Cedric Trinemeier (MTG Mannheim)	18,81
6.	Dennis Lukas (LG Idar-Oberstein)	18,29
7.	Pascal Eichler (LAC Erdgas Chemnitz)	17,28
8.	Tobias Köhler (SV Halle e.V.)	16,84

Leverkusen bleibt Stabhochsprung-Hochburg

Zwei Hoffnungsträger – neben dem erfahrenen Raphael Holzdeppe – für den deutschen Stabhochsprung, der zuletzt den Anschluss an die Weltspitze etwas verloren hat, kommen aus der Bayer-Trainingsgruppe von Bundestrainerin Christine Adams: Der ehemalige Mehrkämpfer Torben Blech steigerte sich in seinem ersten kompletten Jahr als Stabhochspringer auf sensationelle 5,80 Meter. Und der erst 20 Jahre alte Bo Kanda Lita Baehre, der seine Bestleistung auf 5,72 Meter schraubte und bei der WM in Doha Vierter wurde. Bei den Deutschen Hallenmeisterschaften in Leipzig holten die beiden Gold und Silber

LEICHTATHLETIK 2019 Die Hallen-DM-Ergebnisse von Leipzig

Frauen

60 Meter | 16.2.2019
1. Lisa Marie Kwayie (Neuköllner SF) — 7,19
2. Alexandra Burghardt (LG Gendorf Wacker Burghausen) — 7,30
3. Rebekka Haase (Sprintteam Wetzlar) — 7,32
4. Katharina Grompe (LC Paderborn) — 7,35
5. Chantal Butzek (LC Paderborn) — 7,36
6. Viktoria Dönicke (LV 90 Erzgebirge) — 7,39
7. Malaika Mihambo (LG Kurpfalz) — 7,39
8. Amelie-Sophie Lederer (LAC Quelle Fürth) — 7,41

200 Meter | 17.2.2019
1. Rebekka Haase (Sprintteam Wetzlar) — 23,04
2. Jessica-Bianca Wessolly (MTG Mannheim) — 23,33
3. Tiffany Eidner (Bad Lobenstein TC) — 23,92
4. Neele Schuten (TV Gladbeck 1912) — 24,19
5. Felicitas Ulmer (LT DSHS Köln) — 24,61
6. Anna Holzmann (SC Poppenbüttel) — 24,95

4x200 Meter | 17.2.2019
1. MTG Mannheim (Wessolly, Lobe, Gonska, Wallmann) — 1:34,89
2. TSV Bayer 04 Leverkusen I (Montag, Grauvogel, Breitkopf, Arndt) — 1:35,66
3. LT DSHS Köln I (Ulmer, Salterberg, Grosshaus, Schmidt) — 1:35,92
4. LT DSHS Köln II (Naumann, Marx, Bakker, Voss) — 1:37,42
5. TV Wattenscheid 01 (Bechthold, Zapalska, Bischoff, Oguama) — 1:37,72
6. StG Staffelteam NI (Bulmahn, Janiak, Hässler, Hoppe) — 1:38,24
7. LC Paderborn (Butzek, Kuss, Thimm, Kölsch) — 1:38,49
8. TSV Bayer 04 Leverkusen II (Bodem, Daalmann, Silies, Franzen) — 1:38,56

400 Meter | 17.2.2019
1. Nadine Gonska (MTG Mannheim) — 53,24
2. Luna Bulmahn (VfL Eintracht Hannover) — 53,67
3. Laura Müller (LC Rehlingen) — 54,20
4. Corinna Schwab (LG Telis Finanz Regensburg) — 54,22
5. Nelly Schmidt (LT DSHS Köln) — 54,62
6. Carolina Krafzik (VfL Sindelfingen) — 54,95

800 Meter | 17.2.2019
1. Katharina Trost (LG Stadtwerke München) — 2:05,16
2. Christina Hering (LG Stadtwerke München) — 2:05,16
3. Alina Amman (TuS Esingen) — 2:05,71
4. Nele Wessel (SCC Berlin) — 2:05,83
5. Vera Hoffmann (ASV Köln) — 2:08,65
6. Bianca Prokopowicz (TSV SCHOTT Mainz) — 2:09,24

1500 Meter | 16.2.2019
1. Hanna Klein (SG Schorndorf 1846) — 4:36,64
2. Gesa Felicitas Krause (Silvesterlauf Trier) — 4:37,65
3. Caterina Granz (LG Nord Berlin) — 4:37,71
4. Marie Burchard (TC FIKO Rostock) — 4:38,34
5. Linda Wrede (LT DSHS Köln) — 4:41,31
6. Agnes Thurid Gers (SCC Berlin) — 4:41,59
7. Kerstin Hirscher (LAC Quelle Fürth) — 4:41,61
8. Denise Schumacher (FC Schalke 04) — 4:41,82

3000 Meter | 16.2.2019
1. Konstanze Klosterhalfen (TSV Bayer 04 Leverkusen) — 8:32,47
2. Alina Reh (SSV Ulm 1846) — 8:43,72
3. Deborah Schöneborn (LG Nord Berlin) — 9:21,77
4. Rabea Schöneborn (LG Nord Berlin) — 9:34,86
5. Carmen Schultze-Berndt (LG Nord Berlin) — 9:40,11
6. Luisa Boschan (LG Nord Berlin) — 9:41,03
7. Liane Weidner (SCC Berlin) — 10:04,14

60 Meter Hürden | 16.2.2019
1. Pamela Dutkiewicz (Wattenscheid 01) — 7,90
2. Cindy Roleder (SV Halle e.V) — 8,00
3. Louisa Grauvogel (TSV Bayer 04 Leverkusen) — 8,16
4. Franziska Hofmann (LAC Erdgas Chemnitz) — 8,18
5. Monika Zapalska (TV Wattenscheid 01) — 8,39
6. Sabrina Lindenmeyer (VfL Sindelfingen) — 8,45
7. Annika Roloff (MTV 49 Holzminden) — 8,46
8. Lisa Maihöfer (LC Rehlingen) — 8,54

Hochsprung | 17.2.2019
1. Imke Onnen (Hannover 96) — 1,96
2. Marie-Laurence Jungfleisch (VfB Stuttgart 1893) — 1,90
3. Christina Honsel (LG Olympia Dortmund) — 1,90
4. Lavinja Jürgens (TSV Kranzegg) — 1,86
5. Bianca Stichling (TSG 1862 Weinheim) — 1,83
6. Lale Eden (Hannover 96) — 1,80
7. Lea Halmans (SV Schlau.Com Saar 05 Sbr) — 1,80
8. Sabrina Gehrung (LG Filder) — 1,75

Stabhochsprung | 16.2.2019
1. Lisa Ryzih (ABC Ludwigshafen) — 4,60
2. Katharina Bauer (TSV Bayer 04 Leverkusen) — 4,55
3. Regine Bakenecker (TSV Bayer 04 Leverkusen) — 4,30
4. Stefanie Dauber (SSV Ulm 1846) — 4,30
5. Ria Möllers (TSV Bayer 04 Leverkusen) — 3,90
5. Desiree Singh (LG Lippe-Süd) — 3,90

Bäumchen wechsel dich auf den Mittelstrecken

Über 1500 Meter machten bei den Deutschen Hallenmeisterschaften in Leipzig drei Athletinnen die Medaillen unter sich aus, die am Ende der Saison über drei verschiedene Strecken bei der WM in Doha an den Start gehen sollten. Gesa Krause, die spätere WM-Dritte über 3000 Meter Hindernis, wurde Zweite hinter Hanna Klein, die in Doha im 5000-Meter-Vorlauf ausschied. Auf der gleichen Strecke gewann Klein im Sommer bei der Team-EM und holte zwölf Punkte für die deutsche Mannschaft. Nur Caterina Granz – in Leipzig Dritte – startete bei der WM auch über 1500 Meter, wo für sie im Vorlauf Endstation war

Weitsprung | 17.2.2019

1.	Malaika Mihambo (LG Kurpfalz)	6,72
2.	Annika Gärtz (LV 90 Erzgebirge)	6,47
3.	Merle Homeier (VfL Bückeburg)	6,38
4.	Lucie Kienast (SV Halle e.V.)	6,30
5.	Jovanna Klaczynski (TV Wattenscheid 01)	6,24
6.	Birte Damerius (TSV Rudow)	6,11
7.	Tina Pröger (TSV Zirndorf)	6,07
8.	Klaudia Kaczmarek (LAZ Rhede)	6,02

Dreisprung | 17.2.2018

1.	Kristin Gierisch (LAC Erdgas Chemnitz)	14,38
2.	Jenny Elbe (Dresdner SC 1898)	13,76
3.	Maria Purtsa (LAC Erdgas Chemnitz)	13,46
4.	Klaudia Kaczmarek (LAZ Rhede)	13,35
5.	Imke Daalmaan (TSV Bayer 04 Leverkusen)	13,04
6.	Stefanie Kuhl (SC Potsdam)	12,67
7.	Kira Wittmann (SV Quitt Ankum)	12,62
8.	Romina Neu (BV Teutonia Lanstrop)	12,56

Kugelstoßen | 16.2.2019

1.	Christina Schwanitz (LV 90 Erzgebirge)	19,54
2.	Alina Kenzel (VfL Waiblingen)	17,94
3.	Sara Gambetta (SV Halle e.V.)	17,90
4.	Katharina Maisch (TuS Metzingen)	17,34
5.	Julia Ritter (TV Wattenscheid 01)	16,89
6.	Lea Riedel (VfL Sindelfingen)	16,14
7.	Hanna Meinikmann (TV Wattenscheid 01)	16,02
8.	Yemisi Ogunleye (MTG Mannheim)	15,68

LEICHTATHLETIK 2019 Impressum

Miraitowa und Someity erwarten die „Jugend der Welt"

An die Namen der beiden futuristischen Maskottchen der Olympischen Spiele 2020 in Tokio können wir uns schon mal gewöhnen. Sie werden uns und die deutschen Top-Athleten im Sommer des kommenden Jahres begleiten. Und selbstverständlich wird nach den Olympischen Spielen in Tokio ein Bildband „Leichtathletik 2020" erscheinen

IMPRESSUM

Leichtathletik 2019
Die großen Momente:
WM in Doha | Die Finals in Berlin | Team-EM in Bydgoszcz

Herausgeber
Deutscher Leichtathletik-Verband
Alsfelder Straße 27
64289 Darmstadt
www.leichtathletik.de

Verlag
DLM RunMedia GmbH
Vogelsanger Straße 187
50825 Köln
www.leichtathletik-buch.de

Redaktion
Christian Ermert (V.i.S.d.P.)
Norbert Hensen, Bodo Höche,
Niklas Lau, Magdalena Nellessen,
Vera Schwarz

Texte
SID Sport-Informations-Dienst, Peter Schmitt, Silke Bernhart, Pamela Lechner, Alexandra Dersch, Ewald Walker, Jörg Wenig

Fotos: imago images

Grafik & Layout
DLM RunMedia GmbH

Druck
sourc-e GmbH, Köln

Kein Teil dieses Buches darf ohne schriftliche Genehmigung des Verlages vervielfältigt oder verbreitet werden. Unter dieses Verbot fallen insbesondere auch die Vervielfältigung per Kopie, die Aufnahme in elektronische Datenbanken und die Vervielfältigung auf CD-Rom.

© 2019 | DLM RunMedia GmbH
Alle Rechte vorbehalten
ISBN 978-3-9818230-3-5